SECCIÓN DE OBRAS DE ANTROPOLOGÍA

TONANTZIN GUADALUPE

MIGUEL LEÓN-PORTILLA

TONANTZIN GUADALUPE

Pensamiento náhuatl y mensaje cristiano en el "Nican Mopohua"

EL COLEGIO NACIONAL

FONDO DE CULTURA ECONÓMICA

MÉXICO

Primera edición, 2000
Tercera reimpresión, 2002

Comentarios y sugerencias: editor@fce.com.mx
Conozca nuestro catálogo: www.fce.com.mx

ISBN 968-16-6209-1

Impreso en México

En este lugar [que se nombra Tepeyácac] tenían un templo dedicado a la madre de los dioses, que la llamaban Tonantzin y que quiere decir Nuestra Madre. Allí hacían muchos sacrificios a honra de esta diosa. Y venían a ellos de más de veinte leguas de todas las comarcas de México y traían muchas ofrendas. Venían hombres y mujeres, mozos y mozas a estas fiestas. Era grande el concurso de gente en estos días y todos decían Vamos a la fiesta de Tonantzin. Y agora que está allí edificada la iglesia de Nuestra Señora de Guadalupe, también la llaman Tonantzin.

BERNARDINO DE SAHAGÚN, *Historia general de las cosas de Nueva España,* libro XI, nota final.

INTRODUCCIÓN

EXISTE UN ESPEJO, con frecuencia olvidado, en el que se reflejan aconteceres innumerables en la vida del México novohispano. Lo tenemos en las expresiones de la palabra en náhuatl transvasada ya a la escritura alfabética a partir, por lo menos, de los años treinta del siglo XVI. En archivos y bibliotecas de este país y de varios otros se conservan millares de manuscritos en dicha lengua y también centenares de impresos en la misma. Variados son los géneros que cabe percibir en ese caudal de producciones.

Hay cantos, discursos, narraciones, textos a modo de anales, adagios, oraciones y conjuros en los que puede identificarse la presencia del pensamiento y formas de decir prehispánicos. Hay, asimismo, composiciones que versan sobre amplia gama de cuestiones relacionadas con la actividad de los frailes misioneros: sermones, confesionarios, libros parroquiales en náhuatl, gramáticas y vocabularios para el aprendizaje de esta lengua. Existen cartas de indígenas sobre un sinfín de asuntos; unas dirigidas a las autoridades reales y otras que tenían destinatarios también nahuas. Se conservan, asimismo, muchos testamentos en náhuatl, varios de gran interés.

En conjunción con algunas de esas expresiones escritas con el alfabeto, que muchos nahuas aprendieron pronto de los frailes, perduraron pinturas y signos glíficos como en los antiguos códices. Ante tan copiosa riqueza documental, que integra una auténtica literatura indígena, podrá alguien preguntarse cuáles son los escritos que sobresalen por el interés de su contenido o la belleza de su expresión. Querer dar una respuesta es tan difícil como riesgoso.

A la mente se vienen de pronto no pocos *cuicatl* o cantares en que el pensamiento indígena entra a veces en simbiosis con el llegado del Viejo Mundo. También son de obligada referencia los relatos de testigos de la Conquista que integran el cuerpo testimonial de la *Visión de los vencidos*, y los trabajos de tema histórico de sabios como Hernando Alvarado Tezozómoc, Chimalpain Cuauhtlehuanitzin y Cristóbal del Castillo, que escribieron toda o la mayor parte de sus obras en náhuatl. Desde luego que las aportaciones históricas de fray Bernardino de Sahagún y otros frailes como Andrés de Olmos, Alonso de Molina, Juan Bautista, y sus colaboradores, discípulos suyos en el Colegio de Santa Cruz de Tlatelolco, ocupan también un lugar privilegiado entre estas producciones. Importa al menos recordar las transcripciones que hicieron de los *huehuehtlahtolli*, expresiones de la antigua palabra, y la recreación prototípica de los diálogos o coloquios de los primeros franciscanos con algunos sacerdotes indígenas sobrevivientes.[1]

A todo esto deben sumarse los muchos escritos en náhuatl de denuncia y petición dirigidos a alcaldes, gobernadores, oidores, virreyes y al mismo soberano. No pocos de ellos son expresión de muy grande dramatismo y elocuencia. Son ejemplo de una literatura menos conocida, espejo fulgurante de incontables aconteceres en la vida indígena.[2]

[1] Sobre esta rica producción, *véase* Ángel Ma. Garibay K., *Historia de la literatura náhuatl*, prólogo de Miguel León-Portilla, Porrúa, México, 1992 [primera edición 1953-1954], Colección "Sepan cuántos...", 626, y Ascensión H. de León-Portilla, *Tepuztlahcuilolli, impresos nahuas, historia y bibliografía*, 2 v., UNAM, Instituto de Investigaciones Históricas y Filológicas, México, 1988.

[2] *Véase* Arthur J. O. Anderson *et alii*, *Beyond the Codices. The Nahua View of Colonial Mexico*, University of California Press, Berkeley, 1976.

Para acabar de persuadir, a los poco o nada enterados, de la significación de esta riqueza literaria, sólo aludiré ya a las maravillas del teatro náhuatl, el misionero, el de las danzas de la Conquista y también el de temas profanos, como la adaptación en esta lengua de algunas comedias de Lope de Vega. Y qué diré de los *tocotines* que, en náhuatl, salieron de la pluma nada menos que de Sor Juana Inés de la Cruz.

En el contexto de esta gran literatura colonial en náhuatl, hay que situar al relato conocido como *Nican mopohua* en razón de sus primeras palabras, que significan "Aquí se refiere..." Acerca de dicha composición no es poco lo que se ha elucubrado, bien sea para tenerla como testimonio fundamental en apoyo de las apariciones guadalupanas o para descalificarla como carente de historicidad. No discutiré este tema, el de la historicidad de lo que refiere el *Nican mopohua*, por la sencilla razón de que lo sobrenatural y milagroso no puede ser afirmado o negado por la historia. Considero, eso sí, que este relato en el que la figura central es Tonantzin Guadalupe —como aludió a ella fray Bernardino de Sahagún— merece particular atención.[3] Tonantzin, que significa "Nuestra madre", según el mismo fraile lo notó, era el nombre con que los nahuas llamaban a la Madre de los dioses. Ella, Tonantzin, había sido adorada precisamente en el Tepeyac, adonde desde mediados del siglo XVI muchos seguían yendo en busca de la que comenzó a llamarse Nuestra Señora de Guadalupe.

La lectura y el análisis del *Nican mopohua* muestran que fue escrito por un buen conocedor del antiguo pensamien-

[3] Bernardino de Sahagún, *Historia general de las cosas de la Nueva España*, edición de Alfredo López Austin y Josefina García Quintana, 2 v., Alianza Editorial Mexicana y Consejo Nacional para la Cultura y las Artes, México, 1988, II, 808.

to náhuatl con el propósito de dar cuenta de por qué y cómo surgió en el Tepeyac la cada vez más grande atracción ejercida por la Señora de Guadalupe, allí donde por tanto tiempo se adoró a Tonantzin. Y anticiparé aquí algo a lo que luego atenderemos. Esa nueva atracción que a muchos llevaba al Tepeyac escandalizó al provincial de los franciscanos que predicó contra ella en la temprana fecha de 1556 y al mismo fray Bernardino de Sahagún que, veinte años después, se opuso a la misma al escribir su *Historia general de las cosas de la Nueva España.*[4]

Reiterando que no concierne a la historia demostrar o rechazar la existencia de milagros, apariciones o teofanías, y apartándome de la increíblemente prolongada polémica entre creyentes guadalupanos y antiaparicionistas, señalaré en qué me parece está el interés del relato del *Nican mopohua.* Hay dos hechos que tengo por evidentes. Uno es que, además de ser este texto una joya de la literatura indígena del periodo colonial, es también presentación de un tema cristiano, expresado en buena parte en términos del pensamiento y formas de decir las cosas de los *tlamatinime* o sabios del antiguo mundo náhuatl.

El otro hecho, también insoslayable, es que la figura central del relato, Tonantzin Guadalupe —más allá de la demostración o rechazo de sus apariciones—, ha sido para México tal vez el más poderoso polo de atracción y fuente de inspiración e identidad. Será suficiente recordar en apoyo de esto lo que significó ella en los momentos de pestes, hambrunas y de afán de encontrarse a sí mismo en los tres siglos del México novohispano. De la vida del país que alcanzó su independencia cabe evocar al padre Miguel Hidalgo, que hizo bandera de su causa a la imagen guadalupana, así como a José María Morelos, quien atribuyó a

[4] Sahagún, *op. cit.*

la Virgen de Guadalupe muchas de sus victorias. Casi un siglo después, la guadalupana acompañó a Emiliano Zapata, figura la más emblemática de la Revolución mexicana. Se conservan fotografías de sus hombres que enarbolan el mismo símbolo.

Reconociendo el valor como creación literaria de este relato y la importancia de Tonantzin Guadalupe en el acontecer histórico de México, he preparado una nueva traducción de él al castellano. Es cierto que existen varias versiones del *Nican mopohua* en esta lengua muy dignas de aprecio. Además de la un tanto libre publicada en el siglo XVII por el sacerdote Luis Becerra Tanco y de otras inéditas en la centuria siguiente, mencionaré las de fechas más recientes.

Quienes las prepararon, don Primo Feliciano Velázquez, mi maestro el doctor Ángel Ma. Garibay y el sacerdote Mario Rojas Sánchez, gozan de merecida fama de conocedores del náhuatl y en sus respectivos trabajos buscaron apegarse al contenido del texto.[5] Igualmente en los tres existió la intención de mostrar lo que a sus ojos es el mensaje cristiano del relato. En modo alguno quiero contrariar o disminuir la importancia de la que ha sido su intención. Reconozco incluso la relevante significación que, a la luz de dicho enfoque, tiene el *Nican mopohua*. Sin embargo, mi propósito aquí es diferente.

Partiendo de los dos hechos antes expuestos, la belleza literaria de esta composición y el papel primordial que se ha dado en México a la Virgen de Guadalupe, figura protagónica del relato, busco un transvase al castellano en el que cuanto sobrevive allí de la antigua espiritualidad náhuatl sea más fácilmente perceptible. En modo alguno

[5] Las referencias bibliográficas acerca de las traducciones del *Nican mopohua* se dan al principio del capítulo III.

quiero poetizar el texto en la traducción, lo que sería hacerle agravio, ya que es poesía en sí mismo.

Ahora bien, afirmar que en este relato —publicado por vez primera en náhuatl, sin traducción alguna, hasta 1649 por el bachiller Luis Lasso de la Vega, capellán del santuario de Guadalupe— hay vestigios del antiguo pensamiento y forma de expresión indígenas, supone esclarecer antes dos cuestiones principales. Una se relaciona con su contenido, la fecha aproximada en que fue compuesto y lo concerniente a su autor. La otra tiene que ver con la identificación misma de esos vestigios de la visión nahua del mundo y de la estilística prehispánica, perceptibles en el relato. Atendamos a la primera cuestión.

I. CONTENIDO Y ORIGEN DEL RELATO ACERCA DE TONANTZIN GUADALUPE

AUNQUE ESTE RELATO ES AMPLIAMENTE CONOCIDO, no estará de más recordar ahora en forma sumaria su contenido. El texto habla de cuatro apariciones de la Virgen María al indio Juan Diego en el cerro del Tepeyac. Se muestra sorprendido éste al principio al escuchar cantos de aves preciosas a las que el monte parece responder. Oye luego que alguien lo llama. Pronto se da cuenta de que es una noble señora, a la que se acerca y contempla. Ella le dice que es la madre del Dador de la vida, *Ipalnemohuani,* Dueño del cerca y del junto, *Tloque Nahuaque.* En seguida le encarga obtenga del obispo de México, fray Juan de Zumárraga, se le edifique un templo en el llano, al pie del cerro. El indio se sorprende hondamente. Piensa que tal vez se halla en la Tierra florida, *Xochitlalpan,* en la Tierra de nuestro sustento, *Tonacatlalpan,* de la que hablaban los ancianos. Luego acude al obispo en dos ocasiones pero no logra persuadirlo de la misión que le ha confiado la que ya sabe es la Virgen María. Lo más que obtiene del obispo es la petición de que esa señora, para él no conocida, le haga llegar alguna señal que pueda convencerlo. La señal serán las flores preciosas que la Virgen le ordena corte en la cumbre del Tepeyac, donde sólo se daban abrojos, nopales y mezquites. Juan Diego las recoge y las coloca en el hueco de su tilma o capa y las lleva ante la presencia del obispo. Extiende entonces su tilma y contempla cómo las flores se esparcen. El relato concluye diciendo que en ese momento quedó pintada en la tilma del indio la imagen de la Virgen ante los ojos asombrados del obispo y de cuantos estaban con él.

Son numerosos los guadalupanistas y los antiaparicionistas que han dedicado mucha tinta y a veces sutiles elucubraciones a esclarecer el origen de este relato. No siendo mi intención tomar parte en ese otro debate, creo, sin embargo, necesario recordar al menos algunos hechos que arrojan luz en este punto. Uno es que el relato en cuestión apareció publicado por primera vez en México, 1649, junto con otros textos asimismo en náhuatl.[1] Quien los publicó, el bachiller Luis Lasso de la Vega, tenía entonces a su cargo, como capellán, al que llamaban santuario de Guadalupe.

Otro hecho, que debe subrayarse, es que el mismo Lasso de la Vega afirma en su introducción, como dirigiéndose a la Virgen María, que fue él quien "se animó a escribir en náhuatl acerca de cómo se mostró ella y cómo hizo entrega de su imagen, la que está aquí en tu preciosa casa, en Tepeyac". Y añade que buscó también dar a conocer, en otro texto, los milagros que ella había hecho en favor de no pocos.

En efecto, el examen del opúsculo aparecido en 1649 muestra que en él se incluyen estos dos textos y otros cinco más de menor extensión. El primero es una especie de prólogo o introducción suscrita por el bachiller Lasso de la Vega. Bajo el título en náhuatl de "Noble señora reina del cielo, siempre doncella, tú preciosa madre de Dios", da allí razón de por qué ha preparado lo que en seguida ofrece.

[1] Luis Lasso de la Vega, *Huei tlamahuiçoltica omonexiti in ilhuicac tlatocaçihuapilli Santa Maria Totlaçonantzin Guadalupe in nican huei altepenahuac Mexico itocayocan Tepeyacac.* [Maravillosamente se apareció la señora celeste Santa María, Nuestra amada madre Guadalupe, aquí junto a la gran ciudad de México, donde se dice Tepeyácac], México, en la Imprenta de Juan Ruyz, año de 1649.

Ello es el texto conocido como *Nican mopohua,* cuyo contenido ya he descrito. Al concluir el *Nican mopohua* se encuentra, escrita con un estilo muy diferente, una descripción de la imagen de la Virgen de Guadalupe.

A continuación viene la relación que se suele citar con sus palabras iniciales, *Nican motecpana,* "aquí se refieren en orden", precisamente "todos los milagros que ha hecho la noble señora del cielo, Nuestra preciosa madre Guadalupe". Versa este texto acerca de varias curaciones tenidas como portentosas, tanto de indígenas como de españoles. Como una especie de apéndice hay una breve biografía de Juan Diego en que se le recuerda como un varón ejemplar. A esto sigue un texto que comienza con las palabras *Nican tlantica in ittoloca,* "Aquí concluye la historia", es decir, lo expuesto acerca del "gran prodigio con que se apareció la noble señora reina del cielo". Lasso de la Vega insiste allí en la necesidad de que los indígenas lo conozcan en su lengua, pues piensa que ha contribuido grandemente "al derrumbe del reino del Demonio", manifiesto en las idolatrías. La publicación se cierra con una oración en náhuatl a la Virgen de Guadalupe.

Ahora bien, del examen minucioso de estos varios escritos se desprende que hay notables diferencias en su estilo literario. En todos, con excepción del *Nican mopohua,* es patente que fueron concebidos por una mentalidad española. Ello se desprende de la exposición de argumentos con los que su autor o autores se empeñan en justificar la publicación en náhuatl de cuanto se refiere a las apariciones de la Virgen de Guadalupe. También es visible la diferencia en la forma como se van narrando, siempre en tono encomiástico al modo de los escritores eclesiásticos de la época, los diversos milagros atribuidos a la Virgen, así como en la breve biografía de Juan Diego que suena casi a la vida de un santo, dedicado por completo al culto de la Señora de Guadalupe, y que se mantuvo siempre como buen cristiano, haciendo penitencia y guardando castidad.

¿Un texto indígena?

En manifiesto contraste con ese tono e incluso con el lenguaje mismo de tales textos, el *Nican mopohua* presenta atributos que lo acercan a las formas de expresión muy frecuentes en los relatos debidos a autores indígenas. Si bien dedicaré particular atención a esto, adelantaré aquí algo al respecto. Entre los rasgos más sobresalientes de la estilística vernácula, propios de la narrativa náhuatl patentes aquí, están los siguientes: empleo frecuente de frases paralelas que exponen una misma idea de maneras un tanto distintas; uso múltiple de difrasismos, dos vocablos de cuya conjunción se desprende metafóricamente un tercer concepto; recreación de diálogos más que sólo relato de aconteceres; frecuente recurso a conceptos del pensamiento prehispánico sobre la divinidad suprema, la muerte, los merecimientos y destinos de los seres humanos.

La identificación de estos y otros elementos estilísticos y conceptuales de clara procedencia indígena ha llevado a varios conocidos estudiosos del náhuatl y de la literatura en dicha lengua a atribuir el *Nican mopohua* a un autor nativo. En su *Historia de la literatura náhuatl,* expresó Garibay que el *Nican mopohua* es muestra del lenguaje noble y cuidado: "Ningún macehual pudo hablar así [nadie del pueblo pudo expresarse de ese modo]. En su contextura general no difiere [el *Nican mopohua*] de la manera usada en los *Cantares mexicanos* o en el *Huehuehtlahtolli*".[2]

[2] Ángel Ma. Garibay, *Historia de la literatura náhuatl, op. cit.*, II, 260-261.

Por su parte, John Bierhorst, en su edición en inglés de los *Cantares mexicanos,* señala que el autor del *Nican mopohua* "pudo haber tomado de los *Cantares* en su descripción de los ámbitos floridos donde aparece la Virgen".[3]

A su vez, James Lockhart en *The Nahuas After the Conquest* sostiene que "el relato está en un náhuatl que pudo haber sido escrito en cualquier tiempo, desde 1550 o 1560 en adelante, con un vocabulario indígena impresionante, rico y con expresiones características de la lengua".[4]

¿Quién es el autor de este relato?

El reconocimiento de una fuerte presencia indígena y el marcado contraste entre el *Nican mopohua* y los otros escritos que incluyó Lasso de la Vega en su publicación, dan lugar a un problema. ¿Se debe el *Nican mopohua* a Lasso de la Vega, que se ostenta como autor del opúsculo en que se reúnen éste y los otros textos que se han descrito? Para responder hay que acudir, además de la evidencia interna de los atributos estilísticos y conceptuales del *Nican mopohua,* a varios testimonios al alcance.

Se debe al conocido erudito e historiador Carlos de Sigüenza y Góngora (1643-1700) un testimonio en que atribuye la autoría del *Nican mopohua,* no a Lasso de la Vega cuya publicación conocía, sino a un indígena de considerable prestigio. Acerca de esto Sigüenza y Góngora escribió en uno de sus libros:

[3] John Bierhorst (editor y traductor), *Cantares mexicanos, Songs of the Aztecs,* 2 v., Stanford University Press, Stanford, 1985, I, 62.

[4] James Lockhart, *The Nahuas After the Conquest, A Social and Cultural History of the Indians of Central Mexico, Sixteenth through Eighteenth Centuries,* Stanford University Press, Stanford, 1992, 20. [Hay edición en español del FCE.]

> Digo y juro que esta relación [el *Nican mopohua*] que hallé entre los papeles de don Fernando de Alva [Ixtlilxóchitl], que tengo todos, y que es la misma que afirma el licenciado Luis Becerra en su libro (página 36 de la impresión de Sevilla) haber visto en su poder. El original en mexicano está de letra de don Antonio Valeriano.[5]

La persona que Sigüenza allí cita, o sea el licenciado Luis Becerra Tanco, al tratar de esto mismo en 1666, había señalado expresamente que el dicho manuscrito, "de letra de un indio", incluía el mismo texto publicado por Lasso de la Vega:

> Y vide entre los papeles de don Fernando de Alva Ixtlilxóchitl un cuaderno escrito con las letras de nuestro alfabeto, de mano de un indio, en que se refieren las cuatro apariciones de la Virgen Santísima al indio Juan Diego, y la quinta a su tío de éste, Juan Bernardino, el cual fue el que se dio a las prensas en lengua mexicana por orden del licenciado Lasso de la Vega, vicario del Santuario de Nuestra Señora de Guadalupe, año de 1649.[6]

Cabe decir, respecto del texto conocido como *Nican mopohua,* con la relación acerca de los milagros obrados por la Virgen de Guadalupe que el mismo Sigüenza y Góngora notó en el lugar citado que [hay] "añadidos algunos

[5] Carlos de Sigüenza y Góngora, *Piedad Heróyca de don Fernando Cortés,* edición de Jaime Delgado, José Porrúa Turanzas, Madrid, 1960, 65. La obra de Luis Becerra Tanco aludida es *Origen del milagroso santuario de Nuestra Señora de Guadalupe,* Sevilla, 1666, aparecida también en México el mismo año.

[6] Luis Becerra Tanco, *Felicidad de México en el principio y milagroso origen que tuvo el santuario de la Virgen María Nuestra Señora de Guadalupe.* En México, por la Viuda de Bernardo Calderón, año de 1675, 14. [Becerra Tanco refundió en dicho libro lo que había escrito en *Origen milagroso del Santuario de Nuestra Señora de Guadalupe.* En México, por la Viuda de Bernardo Calderón, año de 1666.]

milagros, de letra de don Fernando" [de Alva Ixtlilxóchitl].[7]

¿Qué puede decirse, por otra parte, del manuscrito mismo "de mano de Valeriano" que contempló Becerra Tanco y Sigüenza y Góngora dijo poseer? A la muerte de este último en 1700, ¿en dónde quedó dicho manuscrito? Con todos sus libros y papeles que dejó en herencia a los jesuitas, debió pasar a la biblioteca de su Colegio de San Pedro y San Pablo en la ciudad de México. Años más tarde, hacia 1736-1743, el caballero milanés Lorenzo Boturini Benaduci, profundamente interesado en las antigüedades mexicanas y en todo lo tocante al culto de la Virgen de Guadalupe, supo allí de él, al igual que de otros documentos de la antigua colección de Sigüenza. A ello se refiere Boturini en su *Catálogo del Museo Indiano,* donde describió libros y manuscritos que había reunido y de los cuales estaba entonces desposeído por las autoridades virreinales. Según lo manifestó:

> Por unos fragmentos históricos que copié de sus originales, del célebre Carlos de Sigüenza y Góngora [en el Colegio de San Pedro y San Pablo donde se encontraban] me consta que don Antonio Valeriano, originario de Azcapotzalco, indio cacique y maestro que fue de retórica en el Imperial Colegio de Tlatilulco, escribió la *Historia* de las apariciones de Guadalupe en lengua náhuatl, y el mismo Sigüenza, bajo juramento, confiesa que la tenía en su poder de puño de don Antonio, que quizás es la que imprimió el bachiller Lasso de la Vega, y puede con el tiempo repararme la divina Madre para que pueda mejor fundar su *Historia;* y nótese que tengo en mi archivo firmas de dicho don Antonio para cotejarlas igualmente con su historia original, siempre que pareciere.
>
> También, por dichos fragmentos, descubrí otro manuscrito de la misma *Historia* de Guadalupe, en lengua castellana; su

[7] Sigüenza y Góngora, *loc. cit.*

autor don Fernando de Alva Ixtlilxóchitl, cuya letra conozco, el que ando buscando con las mayores diligencias.[8]

Si Boturini expresa que andaba buscando dicho texto y también el que escribió Valeriano, hay tres testimonios que dejan ver que al fin, al menos en parte, quedaron satisfechos sus deseos. Un testimonio lo proporciona el inventario número 8 que de sus papeles se hizo por orden de las autoridades virreinales. Allí se registra que se encontraron "tres cuadernos de a cuarto, dos impresos y uno manuscrito en lengua mexicana, Historia de la misma aparición de Nuestra Señora, rotos y maltratados".[9]

De esta descripción —que complementa lo expresado por Boturini— se desprende que dicho manuscrito en náhuatl, roto y maltratado, pudo haber sido la *Historia* que Sigüenza y otros afirmaron estaba escrita por Valeriano, y el mismo Boturini estuvo buscando. Existen dos testimonios que citaré porque arrojan luz sobre esto. Se incluyen dichos testimonios en otras tantas anotaciones que preceden a las traducciones al castellano que del *Nican mopohua* hicieron dos distinguidos nahuatlatos en el último tercio del siglo XVIII. En la que preparó Joseph Julián Ramírez, catedrático y sinodal de derecho indiano en la Real Universidad y en el Arzobispado, precisamente por encargo del arzobispo de México, Francisco Antonio de Lorenzana, se expresa:

> Traducción de un papel roto y muy viejo escrito en mexicano, que se halló entre los libros, mapas y demás escritos de la

[8] Lorenzo Boturini Benaduci, "Museo indiano", en *Idea de una nueva historia de la América Septentrional*, edición y estudio introductorio de Miguel León-Portilla, Editorial Porrúa, México, 1974, 147.

[9] "Inventario de los documentos recogidos a Boturini", en *Anales del Museo Nacional de Arqueología, Historia y Etnografía*, cuarta época, t. III, núm. 1, enero-marzo de 1925, inventario octavo, núm. 9, p. 48.

antigüedad de los indios y que el Señor Arzobispo de Toledo [fue trasladado a dicha sede] don Francisco Antonio de Lorenzana, dio al archivo de esta Real Universidad y pertenecía al caballero don Lorenzo Boturini Benaduci, inventario 8, número 7, hecha por el señor licenciado don Joseph Julián Ramírez [...].[10]

Algo parecido se consigna al principio de otra traducción al castellano, de fecha muy cercana, debida a Carlos de Tapia y Zenteno, catedrático de náhuatl en la universidad. Allí se lee:

> Traducción hecha por orden del ilustrísimo y excelentísimo señor Arzobispo de México y después de Toledo, Primado de las Españas, don Francisco Antonio de Lorenzana, por el bachiller don Carlos de Tapia y Zenteno, clérigo presbítero, capellán del convento de Santa Inés, catedrático y sinodal del idioma mexicano en esta Universidad y Arzobispado, de un papel antiguo de masa de maguey, escrito en mexicano, de la letra que usaban los indios en los principios de su conversión, en que se refiere la aparición de Nuestra Señora de Guadalupe de México y se halla en su dicha Real Universidad, en el Museo de el caballero don Lorenzo Boturini, inventario octavo, números 7 y 8.[11]

Gracias al interés del arzobispo Lorenzana, que había hecho publicar las *Cartas de relación* de Hernán Cortés y la *Matrícula de tributos,* se dispusieron esas dos traducciones del *Nican mopohua,* no a partir del texto publicado en el opúsculo de Lasso de la Vega sino del "papel antiguo, de masa de maguey, escrito en mexicano, de la letra que usaban los indios..." Por esas notas, que acompañan a las dichas versiones al castellano, conservadas hoy en la Biblio-

[10] *Manuscrit mexicain* 317, Biblioteca Nacional, París.
[11] *Ibid.*

teca Nacional de París, como manuscrito mexicano 317 de la Colección Aubin-Goupil, podemos enterarnos de dos hechos muy importantes. Uno es que ese texto del *Nican mopohua* se hallaba hacia fines del siglo XVIII en la biblioteca de la Real y Pontificia Universidad de México. El otro, relacionado estrechamente con el anterior, explica la razón por la que dicho manuscrito se hallaba en esa biblioteca. Esos testimonios afirman que el mismo había pertenecido a Boturini. En efecto, sabemos que, al secuestrársele a Boturini sus papeles, un cierto número de ellos se entregó por las correspondientes autoridades a la mencionada biblioteca.

¿Qué puede decirse sobre el ulterior paradero de ese viejo manuscrito "roto y maltratado", quizás temprana copia del original? La respuesta está en que verosímilmente es uno conservado en la Biblioteca Pública de Nueva York junto con otros reunidos bajo el título de *Monumentos guadalupanos*. Es probable que haya ido a dar allí entre las adquisiciones que realizó ese importante repositorio bibliográfico al comprar los libros y papeles de José Fernando Ramírez. Éste, que se distinguió por sus aportaciones históricas, de modo especial las tocantes al pasado indígena, había reunido un valioso conjunto documental. Es posible que alguien sustrajera de la biblioteca de la universidad el manuscrito en cuestión y se lo ofreciera en venta a José Fernando Ramírez. El hecho cierto es que, merced a la adquisición en 1880 por la Biblioteca Pública de Nueva York de sus libros y documentos, pasó a ella un viejo papel roto y maltratado portador de un texto, precisamente incompleto, de la historia de las apariciones de la Señora de Guadalupe, que concuerda básicamente con el que incluyó Lasso de la Vega en su publicación.

Consta, gracias al catálogo de la subasta en que fueron

vendidos, que ese manuscrito de 16 páginas, junto con otros dos de elaboración más tardía, portadores los tres del texto del *Nican mopohua,* habían sido propiedad de Ramírez. En el catálogo, bajo los números 379 y 380, se registraron cinco volúmenes con el título de *Monumentos guadalupanos.* La descripción que allí se hace del que se ha mencionado como viejo manuscrito "roto y maltratado" concuerda con las características del que conserva la dicha biblioteca neoyorkina en su División General de Manuscritos.[12]

El examen de tal manuscrito confirma que ostenta también las características que le atribuyeron Tapia y Zenteno y Joseph Julián Ramírez. Debo hacer notar que, no obstante que se trata de un documento en papel antiguo, "roto y maltratado", escrito en náhuatl con letra y división de palabras propias del siglo XVI, hay en él un indicio que apunta a su carácter de temprana copia de otro manuscrito. Tal indicio se halla en sus folios 6 v. y 7 r., en los que se repite textualmente un párrafo. Parece mostrar ello que el escribano, al copiar, por distracción repitió esas palabras.

Por otra parte, la comparación del texto manuscrito con el que publicó Lasso de la Vega muestra varias diferencias, aunque pequeñas, entre ellas algunas que luego describiré tocantes a la grafía de determinados fonemas. Conviene notar que en dicho manuscrito aparecen las palabras *Ihuan in ixquich tlamahuiçolli ye quimochilia,* "y todas las maravillas

[12] El título del catálogo es Puttick and Simpson, *A Catalogue of the Library of Rare Books and Important Manuscripts Relating to Mexico and Other Parts of Spanish America Formed by the Late Señor Don José Fernando Ramírez,* London, 1880.

La Biblioteca Pública de Nueva York ha conservado el título con el que aparecen dichos volúmenes en el referido catálogo: *Monumentos guadalupanos.*

que hizo", refiriéndose probablemente a cuanto aparece como portentoso en el relato o tal vez a la parte que versa sobre los milagros, que también estaba entre los papeles de Alva Ixtlilxóchitl, según el testimonio de Sigüenza y Góngora.

De lo hasta aquí expuesto cabe concluir que este manuscrito conservado actualmente en la Biblioteca Pública de Nueva York, en papel que denota su considerable antigüedad, "roto y maltratado", con letra del siglo XVI, es copia temprana del *Nican mopohua,* muy anterior a la referida edición de Luis Lasso de la Vega, el capellán del Santuario de Guadalupe.

Es de notar, además, que el análisis de la grafía empleada en el texto, de modo particular en lo concerniente al uso de determinadas letras para representar los fonemas del náhuatl —como la *h* en el caso del "saltillo" o explosiva glotal—, así como la apreciación de su estilística, abundante en metáforas y difrasismos, llevan a percibir no pocas semejanzas con otros manuscritos nahuas de hacia mediados del siglo XVI. Entre ellos están los *Anales de Tlatelolco* con un dramático texto de fecha muy temprana sobre el enfrentamiento con los españoles; los *Huehuehtlahtolli,* testimonios de la antigua palabra, recogidos por fray Andrés de Olmos hacia 1536 y los que allegó Sahagún en 1547; el más amplio relato acerca de la Conquista, recogido por Sahagún hacia 1554; la *Leyenda de los Soles,* de 1558; los *Colloquios* entre los primeros franciscanos y algunos sacerdotes y sabios indígenas, rescatados en 1564, así como otros textos, entre ellos varios cantares y poemas.

Todos estos escritos, al igual que el *Nican mopohua,* pueden distinguirse, tanto por su grafía como por su estilística, de los que se elaboraron un siglo después, a mediados del XVII, cual es el caso de los otros textos que incluyó

Lasso de la Vega en su libro publicado en 1649. En ellos la influencia de la presencia española es más visible, no sólo en los préstamos de vocablos sino en la estructuración misma de las frases, así como en el empleo de diferentes grafemas, es decir, de algunas letras y signos diacríticos antes no usados en la escritura náhuatl.

Otro hecho importa recordar. Consta que el texto del *Nican mopohua* sirvió de fuente al bachiller Miguel Sánchez en la redacción de su obra *Imagen de la Virgen María Madre de Dios Guadalupe,* publicada en México en 1648. El examen de este libro deja ver que el relato allí incluido en castellano sigue en sus líneas generales el contenido del *Nican mopohua.* Confirma ello que existía éste desde antes de que Lasso lo incluyera en su opúsculo, de todo cuyo contenido parece ostentarse como autor, siendo que sólo lo fue de algunas de sus partes. El que así obrara puede explicarse en el contexto de su tiempo. Como en los casos de fray Juan de Torquemada, Antonio de Herrera y otros cronistas e historiadores de Indias, la idea de propiedad intelectual debió serle un tanto ajena. Al reunir en su opúsculo lo que él había escrito con los textos del *Nican mopohua* (el relato guadalupano) y el *Nican motecpana* (la relación de los milagros), debida ésta, según Sigüenza, a Alva Ixtlilxóchitl, Lasso de la Vega procedió a tono con los usos de su época.

Debe también mencionarse, como indicio de que desde antes de la publicación de Lasso —probablemente desde la primera o segunda décadas del siglo XVII— existía otro relato en náhuatl, conocido, por sus primeras palabras, como *Inin hueitlamahuilzoltzin,* "Ésta es la gran maravilla". Mucho más breve que el *Nican mopohua,* coincide, sin embargo, en lo general con él. Puede decirse que refleja lo que era ya una tradición popular. En él se pondera aún más la condición humilde y menesterosa de Juan Diego. De él se expresa:

> *Icnohuictzintli, icnomecapaltzintli, in oncan Tepeacac, tepetozcac nenentinenca a nel aço tlanehualtzintli quimotataquilitinenca.*
>
> Un pobre palo para escarbar, pobre soga para cargar, allá en el Tepeyac, en la barranca del monte, yendo y viniendo, en verdad una raicita andaba escarbando.

El manuscrito en que se conserva esta que algunos han llamado "Relación primitiva", se halla en el fondo reservado de la Biblioteca Nacional de México, signatura 1475. De él hay una moderna traducción al castellano preparada por Xavier Noguez y revisada por Alfredo López Austin.[13]

El parecer de Edmundo O'Gorman

Interesante resulta citar, tras lo hasta aquí expuesto, lo que manifestó nada menos que el polémico doctor Edmundo O'Gorman en su libro *Destierro de sombras. Luz en el origen de la imagen y culto de Nuestra Señora de Guadalupe del Tepeyac,* publicado por la UNAM en 1986. No obstante su manifiesto propósito de "desterrar", como dice, "las sombras" que atribuyen un origen sobrenatural a la imagen guadalupana, al tratar sobre el autor del *Nican mopohua* parece no tener dudas. ¿Denota esto que conocía los hechos que aquí he recordado sobre el viejo papel roto y maltratado, su contenido y otros atributos? Aunque no los aduce en su libro, queda de cierto lo que declaró, como resultado de sus pesquisas. En resumen, afirmó que: "tenemos

[13] Xavier Noguez, *Documentos guadalupanos. Un estudio sobre las fuentes de información tempranas en torno a las mariofanías en el Tepeyac,* Fondo de Cultura Económica y El Colegio Mexiquense, México, 1993, 205-213.

por conjetura la más plausible y segura que [Antonio] Valeriano compuso el *Nican mopohua* en 1556".[14]

Esta declaración de O'Gorman, como él mismo lo reconoció, coincide paradójicamente con lo sostenido por varios modernos guadalupanistas que, adentrándose unos y otros en precisiones críticas y citando a Sigüenza y Góngora, habían atribuido a Valeriano la autoría del *Nican mopohua*. De uno, el historiador jesuita Ernest J. Burrus, manifestó O'Gorman lo siguiente:

> Es importante aducir un formidable e inesperado apoyo a nuestra tesis [la que asigna el año de 1556 como fecha de composición del *Nican mopohua*] en un connotado aparicionista, el padre Ernest J. Burrus, S. J. Según este sabio sacerdote, el manuscrito más antiguo que se conoce del *Nican mopohua* ofrece las mismas características de un texto escrito en México por fray Alonso de la Vera Cruz en los años de 1553-1554, es decir, la época asignada por nosotros a la composición del relato del *Nican mopohua.* Ahora bien, esa coincidencia adquiere una notable significación cuando nos enteramos que el padre Burrus opina que no debe excluirse la posibilidad de que aquel antiguo manuscrito sea nada menos que el original.[15]

El manuscrito al que el padre Burrus se refirió, y al cual alude O'Gorman, es precisamente el que, según vimos, conserva la Biblioteca Pública de Nueva York. La fecha atribuida a su composición, aceptada por O'Gorman como "un formidable e inesperado apoyo" a su tesis, antecede en poco menos de un siglo a la primera edición del *Nican mopohua* por el bachiller Lasso de la Vega.

[14] Edmundo O'Gorman, *Destierro de sombras. Luz en el origen de la imagen y culto de Nuestra Señora de Guadalupe del Tepeyac,* UNAM, Instituto de Investigaciones Históricas, México, 1986, 50.

[15] O'Gorman, *op. cit.*, 52. *Véase* además: Ernest J. Burrus, "The Oldest Copy of the *Nican Mopohua*", *Cara Studies in Popular Devotion*, Washington, D. C., 1981 [*Guadalupan Studies*, 4].

¿Quién fue Antonio Valeriano?

Respecto de la persona de Antonio Valeriano existe amplia documentación. Consta que nació en Azcapotzalco entre 1522 y 1526, pues ingresó entre los primeros estudiantes, hacia 1536, en el recién fundado Colegio de Santa Cruz de Tlatelolco. De él escribió el conocido cronista nahua Hernando Alvarado Tezozómoc que "no era *pilli* [es decir noble] sino un gran sabio".[16] El prestigio de que merecidamente gozaba hizo posible que se casara con doña Isabel, hermana precisamente del mismo Alvarado Tezozómoc. Éste era hijo del noble don Diego Huanitzin, gobernador de Tenochtitlan durante tres años, consumada ya la Conquista, y nieto nada menos que del gran *tlaḥtoani* Axayácatl, gobernante de la nación mexica.

Valeriano fue depositario desde su niñez de tradiciones provenientes del pasado indígena. En el Colegio de Tlatelolco tuvo como maestros a los franciscanos Andrés de Olmos y Bernardino de Sahagún, profundos conocedores del náhuatl, genuinos humanistas que llegaron a ser asiduos investigadores de la antigua cultura indígena. Acerca de Valeriano afirmó Sahagún que entre los estudiantes trilingües que tuvo —hablaban náhuatl, castellano y latín— se distinguió él como "el principal y más sabio".[17] También fray Juan de Torquemada, autor de la magna *Monarquía indiana,* alabó mucho a Valeriano, de quien dice aprendió el náhuatl y al que atribuye haber traducido a dicha lengua un libro de Catón, verosímilmente el *De agricultura.*[18]

[16] Hernando Alvarado Tezozómoc, *Crónica mexicáyotl,* edición y traducción por Adrián León, UNAM, Instituto de Investigaciones Históricas, México, 1994, 171.

[17] Bernardino de Sahagún, *op. cit.,* I, 79.

[18] Juan de Torquemada, *Monarquía indiana,* edición preparada bajo la

Cuando Sahagún inició formalmente en 1558 sus investigaciones sobre "las cosas humanas, naturales y divinas" de los antiguos pueblos nahuas, Antonio Valeriano fue su principal auxiliar junto con otros tres antiguos estudiantes del Colegio de Tlatelolco, Alonso Vegerano, de Cuauhtitlán, y Martín Jacobita y Andrés Leonardo, ambos del mismo Tlatelolco. Valeriano, que desde antes había trabajado en otras tareas al lado de Sahagún, había cursado ya lo que en los estudios clásicos se conocía como el *trivium* y el *cuatrivium*. Lo primero abarcaba la gramática, retórica y lógica; lo segundo, la aritmética, geometría, rudimentos de astronomía y música. En el caso de Valeriano consta que además se adentró en el conocimiento de la historia indígena y aun se inclinó por la filosofía.

Hombre así preparado, fue maestro en el mismo colegio donde se había formado. Después de colaborar con Sahagún en sus investigaciones sobre la lengua y culturas nahuas, llegó a ser gobernador de Azcapotzalco, cargo que ejerció durante ocho años. Su buen desempeño en dicho puesto contribuyó a que en 1570 se le elevara a gobernador de los indios de México-Tenochtitlan.

En medio de las muchas tareas a que debía atender, siguió en contacto con algunos franciscanos, entre ellos con Juan Bautista de Viseo, quien expresó acerca de él que "me ayudó en cosas particulares que le consulté, como la etimología y significación de muchos vocablos".[19]

Su gestión como gobernador se extendió por más de treinta años hasta 1605, en que murió. De él se conservan varios escritos en latín y también en náhuatl con un esti-

dirección de Miguel León-Portilla, 7 v., México, Instituto de Investigaciones Históricas, UNAM, 1975, II, 360-361.

[19] Fray Juan Bautista, *Sermonario en Lencua mexicana.* En México, en casa de Diego López Dávalos, 1606, páginas preliminares.

lo que deja ver el profundo conocimiento, incluso gramatical, que tenía de su lengua materna.

Pues bien, es Antonio Valeriano la persona a la que no pocos han atribuido el relato acerca de Tonantzin Guadalupe. A los argumentos dados en apoyo de esto por estudiosos como don Carlos de Sigüenza y Góngora, Lorenzo Boturini Benaduci y luego por numerosos guadalupanistas, se ha sumado —como lo hemos visto— nada menos que Edmundo O'Gorman en su *Destierro de sombras*, en donde se propuso esclarecer "cuándo, cómo y por qué hizo acto de presencia esa imagen en la ermita del Tepeyac" y "por qué, cómo y cuándo le fue concedida sobrenatural prosapia".[20]

En su búsqueda de respuesta a esas que califica de "dos incógnitas", llegó O'Gorman a esta su paradójica coincidencia con los aparicionistas. Por mi parte añadiré otro elemento en favor de la que él llama "conjetura la más plausible y segura es que Valeriano compuso el *Nican mopohua*". Me refiero al hecho —que voy a mostrar— de que este relato sólo pudo haber sido escrito por un conocedor de buen número de textos de la antigua tradición indígena, y asimismo de la estilística inconfundible del náhuatl clásico. En el *Nican mopohua* aflora el rico universo de sus metáforas, muy frecuentes en esta lengua, sus difrasismos o palabras yuxtapuestas de las que brota una particular significación, así como sus expresiones paralelas que iluminan desde doble perspectiva lo que se quiere decir. Conocedor de todo esto fue Antonio Valeriano, al que Sahagún calificó de "el principal y más sabio" de entre sus antiguos estudiantes y en quien fray Juan de Torquemada reconoció haber tenido un excelente maestro de náhuatl.

[20] O'Gorman, *op. cit.*, 1.

La opinión adversa de fray Bernardino

Es cierto que Sahagún se manifestó adverso al culto de Tonantzin Guadalupe al escribir hacia 1576 el texto en castellano de su *Historia general de las cosas de Nueva España,* donde notó:

> Cerca de los montes hay tres o cuatro lugares donde se solían hacer muy solemnes sacrificios, y que venían a ellos desde muy lexas tierras. Uno de estos es aquí en México, donde está un montecillo que se llama Tepeácac y los españoles llaman Tepeaquilla, y agora se llama Nuestra Señora de Guadalupe. En este lugar tenían un templo dedicado a la madre de los dioses, que la llamaban Tonantzin y que quiere decir Nuestra Madre. Allí hacían muchos sacrificios a honra de esta diosa. Y venían a ellos de más de veinte leguas de todas las comarcas de México y traían muchas ofrendas. Venían hombres y mujeres, mozos y mozas a estas fiestas. Era grande el concurso de gente en estos días, y todos decían Vamos a la fiesta de Tonantzin.
>
> Y agora que está allí edificada la iglesia de Nuestra Señora de Guadalupe, también la llaman Tonantzin, tomada ocasión de los predicadores que a Nuestra Señora, la Madre de Dios, llaman Tonantzin. De dónde haya salido esta fundación desta Tonantzin, no se sabe de cierto; pero esto sabemos cierto que el vocablo significa de su primera imposición a aquella Tonantzin antigua, y es cosa que se debería remediar porque el propio nombre de la Madre de Dios, Santa María, no es Tonantzin sino Dios inantzin [Madre de Dios]. Parece esta invención satánica para paliar la idolatría debaxo equivocación deste nombre de Tonantzin. Y vienen agora a visitar a esta Tonantzin de muy lexos, tan lexos como de antes.[21]

Frente a esta actitud de Sahagún respecto del culto dado a Tonantzin Guadalupe parecerá poco creíble que un dis-

[21] Sahagún, *op.cit.*, II, 808.

cípulo suyo se atreviera a escribir un relato como el *Nican mopohua.* Una sola consideración haré con apoyo en el adagio latino que dice *distingue tempora et concordabis iura* ([distingue los tiempos y concordarás los derechos] y, por supuesto, también las afirmaciones). Acontece que si, como piensan haberlo mostrado O'Gorman y otros, Valeriano compuso ese relato hacia 1556, no podía él adivinar cuál sería la actitud de su maestro veinte años después, en 1576, cuando escribió las palabras que he citado. Lo que sí se desprende claramente de ellas al manifestar que "de dónde haya salido esta fundación desta Tonantzin no se sabe de cierto", es que Sahagún, celoso escudriñador de las idolatrías, no aprobaba hacia 1576 la que era ya una muy extendida devoción popular ni tampoco, si es que lo conoció, el relato que sobre el origen de ella había escrito dos décadas antes su antiguo discípulo.

Acerca de Valeriano, por esa fecha gobernador de los indígenas en México-Tenochtitlan, no sabemos cómo pudo reaccionar ante lo expresado por su maestro Sahagún cerca de veinte años después. Al menos muchas cosas había compartido y seguía compartiendo con él, de modo muy especial el conocimiento sobre la antigua cultura y las sutilezas de la lengua según la habían hablado los sabios nahuas.

Circunstancias y motivaciones

¿En qué circunstancias y movido por qué pudo tomar la pluma Valeriano hacia 1556 para escribir el *Nican mopohua?* Y, si lo hizo, ¿a qué fuente o tradición pudo acudir, o es que todo fue mera invención suya?

Cabe mencionar aquí que, a mediados del siglo XVI, el culto a la que se conocía como Nuestra Señora de Guadalupe en su ermita del Tepeyac, gozaba ya de gran popularidad. Sabemos esto por los testimonios de buen número de personas, varias de considerable reputación, que fueron llamadas a declarar en el proceso de información que el segundo arzobispo de México, Alonso de Montúfar, mandó practicar precisamente el 9 de septiembre de 1556. El motivo que tuvo para esto el arzobispo lo había dado un sermón predicado el día anterior por fray Francisco de Bustamante, provincial de los franciscanos de México. En dicho sermón se había manifestado en contra del arzobispo por favorecer el culto de una pintura de la Virgen María, colocada en una ermita del Tepeyac, la cual, al decir de fray Francisco, era adorada allí como si fuera Dios.

Los testigos coincidieron en que así se había expresado el padre Bustamante, y algunos añadieron que esto provocó grande escándalo en la ciudad. También la mayoría manifestó que eran muchos, españoles e indios, los concurrentes a la ermita y que, desde que allí se veneraba a la Virgen María, habían desaparecido algunos pasatiempos y costumbres licenciosos. Así lo declaró, por ejemplo, el licenciado Francisco de Salazar, abogado de la Real Audiencia:

> Que lo que sabe es que el fundamento que esta ermita tiene desde su principio fue el título de la Madre de Dios, el cual ha provocado a toda la ciudad a que tengan devoción en ir a rezar y encomendarse a ella, y de fuera de esta ciudad. Estando este testigo en la dicha ermita, así españoles como naturales ha visto entrar en ella con gran devoción, y a muchos de rodillas desde la puerta al altar donde está la imagen de Nuestra Señora de Guadalupe [...] Y querer quitar tal devoción sería contra toda cristiandad.[22]

[22] "Información por el sermón de 1556", en *Testimonios históricos guadalupanos,* edición de Ernesto de la Torre Villar y Ramiro Navarro de Anda, Fondo de Cultura Económica, México, 1982, 58.

A su vez Juan de Masseguer, que dijo ser "natural de Barcelona", tras recordar que a "siete leguas de mi tierra está Nuestra Señora de Monserrat, donde va mucha gente", afirmó respecto de la de Guadalupe:

> Que todo el pueblo a una tiene gran devoción en la dicha imagen de Nuestra Señora y la van a visitar a Nuestra Señora de todo género de gente, nobles ciudadanos e indios [...], que el día de Nuestra Señora de la Natividad próximo pasado predicó en San Francisco, en la capilla de San José, fray Francisco de Bustamante, provincial de la Orden de San Francisco, algunas cosas contra la devoción de dicha imagen de Nuestra Señora. Hubo grande escándalo en el auditorio y lo ha habido en la ciudad [...]. Y que este testigo dice que el dicho Bustamante ha perdido mucho el crédito que tenía en esta ciudad y que, por lo que el dicho Bustamante dijo contra la dicha imagen, no ha cesado la devoción, antes ha crecido más y, cada vez que va allá este testigo, ve más gentes de las que solía.[23]

Bueno será recordar también lo que declaró otro funcionario de la Audiencia, el procurador Juan de Salazar; entre otras cosas dijo que

> ha ido algunas veces a la dicha ermita de Nuestra Señora y, entre ellas, ayer [...] Y, estando en ella, desde a poco rato llegó el dicho señor Arzobispo, al cual este testigo salió a recibir con algunos amigos y, llegados a la iglesia, el dicho señor Arzobispo hizo oración y, hecha, se volvió a hablar a muchos indios que allí estaban y, como no sabía la lengua, mandó a un sacerdote que se llama [Francisco] de Manjarres, que les declarase lo que el dicho señor Arzobispo les quería decir.[24]

[23] "Información por el sermón de 1556", en *Testimonios... op. cit.*, 71.
[24] *Ibid.*, 52.

Y tras aludir a los excesos que la gente hacía antes de que se venerara a la Madre de Dios en el Tepeyac, añadió:

> Después acá que se divulgó la devoción de Nuestra Señora de Guadalupe, han cesado mucha parte de lo que tiene dicho [los excesos] y ya no se platica de otra cosa en la tierra, si no es ¿dónde queréis que vamos? Vámonos a Nuestra Señora de Guadalupe [...] y que a lo que tiene entendido este testigo es que ha sido muy gran bien y mucho provecho para las ánimas haberse principiado la devoción de Nuestra Señora de Guadalupe.[25]

Recibía ya, por tanto, en esa fecha de 1556, amplio culto la pintura colocada en la ermita del Tepeyac, la de Guadalupe *Teotl inantzin,* Madre de Dios. Ese culto se le rendía allí donde no mucho antes se había adorado a Tonantzin, Nuestra madre que, con *Totahtzin,* Nuestro padre, integraba el ser del supremo Dios dual, *Ometeotl.* Añadiré que varios anales en náhuatl, coincidiendo con lo dicho por esos declarantes de 1556, se refieren también al culto de la Virgen de Guadalupe en el mismo Tepeyac.[26]

Por otra parte, Antonio Valeriano y trece señores principales de Azcapotzalco, entre ellos el bien conocido poeta Francisco Plácido, a quien se atribuye un cantar compuesto en 1553 y haber participado en otro dos años antes, hicieron expresa referencia a la veneración de la Virgen de Guadalupe en 1561.[27] Ello ocurrió en una extensa carta en

[25] *Ibid.*, 53. Además de estos testigos, declararon los clérigos Juan de Mesa y Marcial de Contreras; el bachiller Puebla, Gonzalo de Alarcón, funcionario de la Casa de Moneda; Álonso Sánchez de Cisneros y Álvar González de León, todos vecinos de la ciudad de México.

[26] "Fuentes de información guadalupana escritas en el contexto indígena", en *Documentos guadalupanos,* edición de Xavier Noguez, Fondo de Cultura Económica, México, 1993, 46-60.

[27] Carta en latín de Antonio Valeriano, los gobernadores, alcaldes y regidores de Azcapotzalco a Felipe II, del 4 de febrero de 1561, Archivo General de Indias, Audiencia de México, 1842. Documento inédito proporcionado por el doctor Francisco Miranda de El Colegio de Michoacán.

elegante latín —lengua que consta conocía a la perfección Valeriano— dirigida nada menos que a Felipe II.

Se quejan en ella dichos personajes de los despojos territoriales que ha sufrido Azcapotzalco y de los servicios personales que se han impuesto a sus moradores. Entre otras cosas, exponen que se les ha exigido proporcionen los servicios de:

> treinta [hombres] para la edificación de la iglesia de Santo Domingo, veinte para trabajar en los campos de los españoles, diez para la catedral arzobispal dedicada a la Virgen Santísima y cinco más para hacer el templo a la Virgen que vulgarmente se dice Guadalupe.[28]

La expresión latina de esto último es *"quinque etiam ad templum quod vulgo Guadalupe dicitur"*. Al expresar que vulgarmente así se conocía el templo, dejan entender los que suscriben la carta que tal cosa era ya bien sabida de muchos. Los mencionados trabajos exigidos a los de Azcapotzalco son descritos en la carta como *"servitia publica quae Mexici impenduntur"* (servicios públicos impuestos en México), o sea como obligaciones ordenadas por las autoridades de la metrópoli. Deja ello entender que el culto a Tonantzin Guadalupe, del que dio poco antes prueba la información promovida por el arzobispo Montúfar en 1556, recibía apoyo de quienes gobernaban en la ciudad de México. Éstos demandaban la participación de los de Azcapotzalco y muy probablemente también de quienes vivían en otros pueblos vecinos, para edificar iglesias tan importantes como la de Santo Domingo, la catedral del arzobispado y asimismo "el templo a la Virgen que vulgarmente se dice Guadalupe".

[28] Carta en latín de Antonio Valeriano, los gobernadores…

Si Valeriano y los otros principales exponen esto, no es porque se opongan a tales edificaciones, sino porque se exigía a su pueblo este trabajo, "en tal grado que nuestra propia iglesia que hace muchos años empezamos no la podemos acabar, ni empezar el monasterio que necesitan los frailes que nos atienden".[29]

A esta petición añadieron otras los firmantes de la carta, como la de que el monarca sancione la existencia de las que llaman "insignias" de Azcapotzalco, es decir, su escudo, precisamente en razón de su importancia histórica. De ella ofrecen en la misma comunicación una amplia relación refiriéndose a la grandeza del señor Tezozómoc, de quien dicen tuvo muchos años sujetos a los mexicanos de Tenochtitlan. Enumeran asimismo los otros principales señoríos que estuvieron sometidos a ellos en calidad de tributarios. Consta que el dicho escudo de Azcapotzalco fue concedido por Felipe II en 1564. Al año siguiente, en la fiesta de San Felipe, para festejar ese acontecimiento, se entonó allí un canto compuesto por Francisco Plácido. En el manuscrito de *Cantares mexicanos* de la Biblioteca Nacional (fols. 41 r.-41 v.) se registra ello en una glosa. En la misma se añade que "era entonces gobernador de Azcapotzalco don Antonio Valeriano".

Más aún, éste y otros de esos señores principales, que se habían formado en el Colegio de Santa Cruz de Tlatelolco, manifiestan respecto a Azcapotzalco que

> como algo convenientísimo juzgamos se deba conceder tenga una casa de las musas [una escuela] en la cual, aun cuando no se enseñen todas las ciencias, sí lo sean al menos la gramática, con la lengua española, lo cual fácilmente puede lograrse por algunos de nosotros que tanto la lengua latina como la española han profesado ampliamente.[30]

[29] *Ibid.*
[30] *Ibid.*

Consta que Valeriano, como ya se ha referido citando a Sahagún y a Torquemada, había sido un notable latinista y también distinguido maestro en Santa Cruz de Tlatelolco. A la luz de esto, pensando en el origen del *Nican mopohua* y atendiendo a Edmundo O'Gorman que, como fruto de sus pesquisas, sostiene que Antonio Valeriano escribió el *Nican mopohua* precisamente el año de 1556, se nos viene a la mente una hipótesis. Conociendo la fama de que gozaba Valeriano como hombre sabio y maestro en el dominio de su lengua y antigua cultura, ¿pudo ser que, en el contexto de esa notoria atracción que ejercía la ermita de Guadalupe en el Tepeyac, donde como él bien lo sabía, se había adorado a Tonantzin, la diosa Nuestra madre, se sintiera atraído a escribir un relato que hablara sobre el origen de la pintura y la consiguiente devoción?

Valeriano había estado presente en algunos *neixcuitilli*, representaciones teatrales compuestas por los frailes, en las que se hacía ver a los indios cómo Dios, la Virgen su madre y los santos favorecían de muchos modos a quienes acudían a ellos. Lo que estaba ocurriendo en el Tepeyac parecía probar que la Madre de Dios había escogido ese lugar para manifestar allí su amor y protección a cuantos a ella acudieran. Si por eso tantos iban al Tepeyac, no era una suposición pensar que se estaba cumpliendo el deseo, la voluntad de Tonantzin, Nuestra Madre de Guadalupe, de tener allí su santuario.

Valeriano, educado en el Colegio de Santa Cruz de Tlatelolco, debió conocer también algunos relatos acerca de apariciones de la Virgen María en distintos lugares, principalmente de España. En esos relatos es muy frecuente encontrar que la Virgen, deseosa de que se le edifique un santuario, encarga a un pastor o un jornalero, en fin, a una persona del pueblo, sea su mensajero ante quien habrá de cumplir su voluntad. Recuérdense aquí los casos más cercanos a nuestro tiempo de Lourdes y Fátima, en que son unas jóvenes muy sencillas las que actúan como intermediarias.

Valeriano compondría entonces su relato, a la vez de gran fuerza teatral, en torno a un indio *macehual,* hombre del pueblo, cuyo nombre hubo de dar. De no haber existido éste, su relato corría el peligro de ser tenido desde un principio como mera fantasía. Cabe, por tanto, pensar que el nombre de Juan Diego estuvo vinculado desde antes con la señora venerada en el Tepeyac.

Importa recordar aquí las que se conocen como "informaciones de los viejos de Cuauhtitlán", pueblo del que se afirma era oriundo Juan Diego. Allegadas de labios de varios hombres y mujeres indígenas de muy avanzada edad, por disposición emitida en 1665 por el Cabildo Metropolitano, arrojan ciertamente luz en torno a la persona de Juan Diego.[31] Las muchas noticias particulares que aportan acerca de éste, coincidentes entre sí, son dignas de tomarse en cuenta.

Por otro lado, forma y contenido del relato incluido en el *Nican mopohua* están a la vez inspirados en parte —como vamos a comprobarlo— en producciones de la antigua tradición indígena del género de los *cuicatl* o cantares. Uno en particular, que luego aduciré, y que es muy probable conociera y aun fuera transcrito por Valeriano, presenta una secuencia bastante parecida a la que ostenta el *Nican mopohua.*

Esto no implica que Valeriano hiciera traición a sí mismo queriendo hacer pasar como histórico el relato sobre los

[31] *Véase: Informaciones sobre la milagrosa aparición de la Santísima Virgen de Guadalupe, recibidas en 1666 y 1723.* Publícalas Fortino Hipólito Vera, Amecameca, 1889.

orígenes de la pintura y su culto en el Tepeyac. En realidad, más que inventar una historia, pudo conjugar varias tradiciones. Era un hecho —como lo refirieron los declarantes ese año de 1556— que la ermita atraía a mucha gente, indios y españoles. Era también verdad que muchos decían que la Madre de Dios escuchaba las súplicas de quienes allí acudían, de modo parecido a lo que se decía de la Tonantzin, allí mismo adorada antes de la llegada de los españoles. No parecía alejado de la verdad que hubiera —como en otros muchos relatos— un intermediario entre la Virgen y quien debía ordenar se cumpliera su deseo de que se le edificara un santuario. Algo debió decirse entonces, como lo siguieron diciendo los viejos de Cuauhtitlán, acerca del *macehual* Juan Diego, oriundo de ese lugar. De hecho el nombre de éste y la mención de una manifestación de Totlazonantzin, Nuestra preciosa madre, aparecen recordados en varios anales indígenas. Entre ellos están los de Tlatelolco y México, los de Puebla y Tlaxcala y el Añalejo de Bartolache, que registran un año equivalente a 1531 para lo concerniente a Tonantzin y el de 1540 para la muerte de Juan Diego.[32] Ello deja entrever que, efectivamente, así como concurría mucha gente a la ermita del Tepeyac desde bastante antes de 1556, también se había difundido una tradición que hablaba de Juan Diego y de apariciones de Tonantzin.

Con todo esto en su mente y con la inspiración derivada de la lectura de algunos antiguos cantares nahuas, en que las flores y los cantos, *xochitl, cuicatl,* dan vida a aquello que puede tenerse como verdad, Valeriano pudo escribir

[32] *Véase* sobre estos y otros anales nahuas: Xavier Noguez, *Documentos guadalupanos. Un estudio sobre las fuentes de información tempranas en torno a las mariofanías en el Tepeyac,* Fondo de Cultura Económica, México, 1993, 50-57.

su relato. En él acercó dos visiones del mundo, creencias diferentes, metáforas y atisbos, trama y urdimbre de hilos multicolores; creó a la vez poesía, no del gusto de fray Francisco de Bustamante, pero sí de muchos que hasta hoy la siguen disfrutando.

II. EL "NICAN MOPOHUA", EL PENSAMIENTO INDÍGENA Y EL "TECPILAHTOLLI", LENGUAJE NOBLE DE LOS NAHUAS

VARIOS HAN SIDO YA —como lo he señalado— los que han notado la presencia en el *Nican mopohua* de un estilo que recuerda al de los textos llamados clásicos en lengua náhuatl. Como es sabido, dicha forma de expresión se conocía como *tecpilahtolli,* "lenguaje noble", en contraposición con el llamado *macehualahtolli,* es decir, la lengua usada por los macehuales o gente del pueblo. El *tecpilahtolli* abundaba, entre otras cosas, en formas reverenciales y en el empleo de metáforas que enriquecían y tornaban luminosa la expresión. Entre quienes han advertido esto he mencionado a Ángel Ma. Garibay K. y, de tiempos más recientes, a John Bierhorst y James Lockhart.

Es ciertamente un hecho, según lo han entrevisto estos estudiosos, que en el *Nican mopohua* perdura no poco del universo de símbolos característicos del náhuatl clásico, a través de los cuales los *tlamatinime* o sabios se comunicaban entre sí y transmitían a otros su pensamiento. Veamos ya algunas muestras de este *tecpilahtolli,* "lenguaje noble", portador de una visión del mundo, fácilmente identificables en este relato. El modo de proceder que adopto es presentar estas muestras relacionándolas entre sí en función de su temática.

Tomo como punto de partida dos conjuntos de expresiones que se ubican entre las primeras y las últimas páginas del relato. Unas y otras parecen concebidas para conferir al texto su sentido más hondo. He aquí las palabras que aduzco del principio. Cuando Juan Diego "vino a acercarse al cerrito donde se llama Tepeyácac, ya relucía el alba en la tierra", *in açico in inahuac tepetzintli in itocayohcan Tepeyacac, ye tlatlalchipahua.*

En seguida, como en los relatos de la tradición prehispánica, se sobrepone otro acontecer simultáneo pero que ilumina sobremanera lo que se busca comunicar: "allí escuchó: cantaban sobre el cerrito, era como el canto de variadas aves preciosas", *concac in icpac tepetzintli cuicoa, yuhquin nepapan tlaçototome cuica.* La siguiente frase, tomada casi a la letra de un antiguo cantar, añade: "al interrumpir sus voces, como que el cerro les respondía", *cacahuani in tozqui, iuhquin quinahnanquilia tepetl.* El cantar de la tradición prehispánica dice: "como que el cerro les respondía", *iuhquin tepetl quinahnanquilia.*"[1]

Cantos y flores: "cuicatl", "xochitl"

Diálogo era éste entre el monte que responde al canto de las aves preciosas, cuyos nombres da en seguida el texto, *coyoltototl* y *tzinitzcan,* que aparecen también en muchos antiguos cantares nahuas. El monte, *tepetl,* en el pensamiento indígena era realidad sagrada donde habitaba el dios que con sus aguas hace germinar y da vida a cuanto brota en la tierra.

Anticipémonos ahora a la parte final del relato. Allí encontramos la otra expresión que, consciente o no de una ulterior connotación, adujo el autor de esta composición. El relato nos lleva de nuevo a la cumbre del cerrito donde la noble señora ordenó a Juan Diego que subiera: "y

[1] *Véase: Cantares mexicanos,* reproducción facsimilar por Miguel León-Portilla y José Guadalupe Moreno de Alba, UNAM, Instituto de Investigaciones Bibliográficas, México, 1994, fol. 1 r.

cuando llegó [él] a su cumbre, mucho se maravilló de cuántas flores allí se extendían, tenían abiertas sus corolas, variadas flores preciosas, como las de Castilla", *auh in òacito icpac, çenca quimahuiço in ixquich onoc, xotlatoc, cuepontoc in nepapan Caxtillan tlaçoxochitl.*

Lo que contempla y más adelante describirá Juan Diego al obispo, coincide con lo que era en el pensamiento indígena *Xochitlalpan,* la Tierra florida, *Tonacatlalpan,* la Tierra de nuestro sustento, donde también habitaba el señor de la lluvia.[2] Sobre lo que allí había, añade el relato que: "Las flores eran muy olorosas, eran como preciosas perlas, henchidas del rocío de la noche", *huel çenca ahuiaxtoc, iuhqui in tlaçoepyollòtli, inic in yohualàhuachyòtoc.* Ponderar la belleza de las flores era tema recurrente en los antiguos cantos de los nahuas. Así, el primero incluido en la colección que conserva la Biblioteca Nacional de México expresa: "las bellas, fragantes flores que allí se inclinan resplandecientes de rocío con los rayos de luz del sol", *in yectli, ahuiac xochitl [...] oncan huihuitolihui ahuachtonameyoc.*[3]

El "Nican mopohua" y un antiguo cantar en náhuatl

Asunto de ese canto es también un acercamiento portentoso a *Xochitlalpan, Tonacatlalpan,* la Tierra florida, la de nuestro sustento. Quien ha llegado allí escucha los cantos de las aves *tzinitzcan, coyoltototl* y otras. También él percibe que "a ellas el cerro les responde".

La aparición de un colibrí precioso que pregunta al sorprendido caminante qué es lo que busca, arroja luz sobre el

[2] Acerca de *Xochitlalpan, Tonacatlalpan, véase Cantares mexicanos,* 1 r., 5 v., 4 r., 40 v., 52 v., y en otros muchos lugares.

[3] *Cantares mexicanos,* fol. 1 r.

sentido del canto. La respuesta es que quiere saber a dónde tendrá que ir para encontrar las bellas flores. El lugar es la morada de *Tloque Nahuaque,* el Dueño del cerca y del junto; *Ipalnemohuani,* el Dador de la vida; *Tlalticpacque,* Dueño de cuanto hay en la tierra. Estos mismos nombres, como habremos de verlo, serán los que la noble señora pronuncie al decir al indio Juan Diego de quién es ella *inantzin,* su reverenciada madre.

En el cantar de la antigua tradición indígena el colibrí precioso, que se aparece a quien busca las flores, es un ser divino. Recordemos que el dios protector de los mexicas se representa en muchos códices como un colibrí. Él, con las otras aves cuyos nombres coinciden con aquellas de que habla el *Nican mopohua,* muestra dónde se encuentran en abundancia las flores. Cuadro muy semejante al que el probable autor, Antonio Valeriano, pintó más tarde en su relato es el que con vivos colores describe ese canto:

> A la Tierra florida, a la Tierra de nuestro sustento
> me introdujeron,
> allí donde el rocío resplandece con rayos de sol
> [idéntica expresión empleó el autor del *Nican mopohua].*
>
> Allí vi las variadas, preciosas,
> fragantes flores,
> las amadas flores cubiertas de rocío,
> con los resplandores del arco iris.
> Allí me dicen:
> corta, corta flores,
> las que prefieras [...]
> Yo las pongo en el hueco de mi tilma,
> [como más tarde lo hará Juan Diego]
> las variadas y fragantes flores [...][4]

[4] *Cantares mexicanos.*

Y también, como se referirá en el *Nican mopohua,* después de poner las flores en el hueco de su tilma, quien cree estar en *Xochitlalpan,* se pregunta acerca de su merecimiento, *imacehual,* y el de los otros. En el cantar y asimismo en el relato de Tonantzin Guadalupe, el que dialoga con el ser portentoso se da cuenta de que es el escogido. Pero en uno y otro caso surge la pregunta: ¿y los otros? ¿Cómo podrán ellos disfrutar de cuanto se le torna presente, los cantos, las flores, todo lo que la noble señora o el colibrí precioso le han ofrecido en *Tonacatlalpan,* la Tierra de nuestro sustento?

La composición que, íntegra, daré como apéndice a la nueva traducción que ofrezco del *Nican mopohua,* concluye también con expresiones de hondo sentir religioso:

> En verdad sólo el Dueño del cerca y del junto
> hace que alguien merezca
> las flores aquí en la tierra.
> Por esto llora mi corazón,
> recuerdo que he ido allá
> a contemplar la Tierra florida, yo, cantor.
> Y digo,
> en verdad, no es lugar bueno aquí en la tierra,
> en verdad otro es el lugar a donde hay que ir,
> allá hay alegría. [...]
> Vaya yo allá,
> vaya yo a cantar,
> al lado de las variadas y preciosas aves,
> disfrute allá de las bellas,
> fragantes flores, las gustosas, [...]
> las que embriagan con gozo,
> sólo las que embriagan y alegran con su fragancia.[5]

Cantos al principio del relato y también del antiguo cantar; flores al final de uno y otro, son búsqueda o subcons-

[5] *Ibid.,* fol. 1 v.

ciente evocación de esa forma náhuatl de concebir lo que existe como "flor y canto", *in xochitl, in cuicatl,* palabras que, al unirse, connotan los conceptos de poesía y realidad preciosa. También, como lo dejó dicho el sabio Tecayehuatzin de Huexotzinco, cantos y flores son: "tal vez lo verdadero en la tierra", *aço tle nelli in tlalticpac.*[6]

Es así el *Nican mopohua* expresión de flor y canto, símbolos que, como el poema de inspiración prehispánica, entretejen "la antigua sabiduría", *in huehueh tlamatiliztli,* con el mensaje evangélico que los frailes daban a conocer a los indios. En la trama y la urdimbre del nuevo tejido los hilos son de muchos colores. Con mirada indígena se escogen. La mano los toma y los va entretejiendo. Cual cantos y flores, del nuevo tejido las palabras brotan y abren sus corolas.

Las preguntas de Juan Diego y Tochihuitzin Coyolchiuhqui

Los seres humanos, los que aquí estaban y los que luego vinieron, nos lo dice el relato, son dueños de "un rostro, un corazón", *ixtli, yollotl.*[7] Esto y otras muchas cosas "las dejaron dichas los ancianos, nuestros antepasados, nuestros abuelos", *quitotihuaque huehuetque, tachtohuan, tocolhuan.* Sin embargo, a veces no sabemos dónde estamos ni qué nos pasa. El relato se hace eco de otro fragmento de un antiguo cantar en náhuatl. Pone en labios de Juan Diego, que se encuentra asombrado por el diálogo entre las aves pre-

[6] *Véase* Miguel León-Portilla, *Quince poetas del mundo náhuatl,* Editorial Diana, México, 1995, 233.

[7] Este concepto es analizado por Miguel León-Portilla, *La filosofía náhuatl estudiada en sus fuentes,* octava edición, UNAM, Instituto de Investigaciones Históricas, México, 1997, 189-192.

ciosas y el monte que les responde, las siguientes palabras: "¿Es acaso merecimiento mío lo que escucho? ¿Tal vez estoy sólo soñando? ¿Acaso sólo me levanto del sueño? ¿Dónde estoy? ¿Dónde me veo? ¿Tal vez allí donde dejaron dicho los ancianos [...], en la Tierra florida, en la Tierra de nuestro sustento, tal vez allá en la Tierra celeste?" *¿Cuix nomacehual in ye niccaqui? ¿Aço çan nictemiqui? ¿Aço çan nicochitlehua? ¿Canin ye nican? ¿Canin ye ninotta, cuix ye oncan in quitotehuaque huehuetque [...] in Xochitlalpan, in Tonacatlalpan, cuix ye oncan in Ilhuicatlalpan?*

Frases muy semejantes expresó el poeta Tochihuitzin Coyolchiuhqui, quien rescató nada menos que a Nezahualcóyotl cuando, siendo aún adolescente, vio morir asesinado a su padre por órdenes de Tezozómoc, señor de Azcapotzalco. He aquí lo que el sabio Tochihuitzin dejó dicho: "¿Sólo nos levantamos del sueño, hemos venido a soñar?", *¿Zan tocochintlehua, zan tontemiquico?*[8]

Las palabras puestas en boca de Juan Diego evocan conceptos clave en la antigua visión náhuatl del mundo. Uno es el de merecimiento, "el mío", *nomacehual*. Está él estrechamente relacionado con la persuasión nahua —por cierto, paralela a la de los cristianos— de que los seres humanos fueron restaurados en el mundo en virtud de un sacrificio divino y sangriento. Si para el cristiano ese sacrificio fue el de Jesús en la Cruz, para el hombre náhuatl fue la inmolación de los dioses y en particular de Quetzalcóatl que, en Tamoanchan, con su sangre restituyó la vida a los huesos de los humanos que habían existido en otra edad cósmica, para que así la vida brotara de nuevo en el mundo.[9]

Dudas frecuentes en el pensamiento indígena —como lo

[8] *Cantares mexicanos*, fol. 14 v. Sobre Tochihuitzin, *véase* Miguel León-Portilla, *Quince poetas del mundo náhuatl*, 232-233.

[9] *Véase* León-Portilla, *Filosofía náhuatl*, 186-188.

he mostrado citando varios textos en *La filosofía náhuatl estudiada en sus fuentes*— son las que llevan al *tlamatini,* sabio, a preguntarse quién es él mismo. Si es que acaso puede decir palabras verdaderas o sólo se halla soñando, levantándose tal vez del sueño. Tales dudas son las que impulsan también a Juan Diego a preguntarse —al escuchar los cantos de las aves y el responder del monte— si es que no se encuentra ya en *Xochitlalpan, Tonacatlalpan,* lugar de deleite donde mora Tláloc, el que hace entrega de la lluvia.

La noble señora e "Ipalnemohuani", el Dador de la vida

En el relato tal cuestionarse se interrumpe y, cual si Juan Diego empezara a escuchar una antigua palabra al modo de los *huehuehtlahtolli,* se da cuenta de que alguien lo llama. Con finura el autor pone, ante quien lee o escucha, esta peculiar realización del encuentro entre dos mundos. El indio, que parece conservar mucho de su antigua cultura, se dirige a quien lo llama de lo alto y que tal vez viene de más allá de "las aguas celestes", *ilhuicaatl.* Muy a tono con la estilística nahua, lo que ocurre entonces se presenta una vez más con imágenes que se van sobreponiendo unas a otras para integrar el sentido del acontecer.

Primero contempla a una noble señora que está de pie en la cumbre del cerrito. Percibe que en ella converge cuanto es hermoso en la tierra. Las metáforas brotan unas tras otras en el texto, como ocurre en los cantares de la antigua tradición: "su vestido como el sol resplandecía, así brillaba", *in itlaquentzin yuhquin tonatiuhic motonameyotia.* Jades, turquesas, ajorcas preciosas, resplandor de arco iris, plumajes de quetzal, todo, aun los arbustos espinosos, relucía como el oro.

La señora habla entonces al indio para hacerle saber quién es ella y qué es lo que desea. Tonantzin Guadalupe, cual una reverenciada señora sabia en las cosas divinas, *cihuatzin tlateomatini,* explica a Juan Diego su relación portentosa de mujer con el Dios supremo. Para ello se vale de varios de los nombres con que lo invocaban los pueblos nahuas que pensaban a la divinidad suprema como ser dual, madre y padre a la vez. La noble señora le dice: "Soy yo la en todo y siempre doncella", *in niçenquizca çemicac ichpochtli,* y añade, en paralelo con la Diosa Madre de los indios que también dio a luz en forma portentosa, "Soy Santa María, su madrecita de Él, Dios verdadero", *in inantzin in huel nelli Teotl Dios.*

Tonantzin, Nuestra madre, *Totahtzin,* Nuestro padre, eran conceptos clave en el pensamiento nahua que así concebía a "Aquel por quien se vive", supremo Dador de la vida, *Ipalnemohuani.* La noble doncella que habla a Juan Diego le da a entender su relación personal con él. En seguida pronunciará sus varios nombres o títulos, todos ellos tomados de la tradición religiosa prehispánica. Es *inantzin,* madrecita de *Ipalnemohuani,* "el Dador de la vida", invocado así en muchos cantares y antiguas plegarias.

Cual si quisiera ella que en lo que va a decir se acercaran dos concepciones acerca de la divinidad, continúa declarando que es *inantzin,* madrecita de *Teyocoyani,* "el inventor de los seres humanos", y también de *Tloque Nahuaque,* "El dueño del cerca y del junto", es decir, el omnipresente; *Ilhuicahua,* "El dueño de la región celeste" y *Tlalticpaque,* "El dueño de cuanto existe en la tierra".[10] Justamente en el poema que he venido citando y transcribiré íntegro, del manuscrito de *Cantares mexicanos,* se alude a la divinidad

[10] Acerca de estos conceptos prehispánicos, *véase* León-Portilla, *Filosofía náhuatl,* 164-171.

con estos mismos nombres. Se le llama así "Dueño de cuanto existe en la Tierra", *Tlalticpacque;* "Dueño del cerca y del junto", diciéndose de él que son las aves preciosas las que lo alegran, *in quellelquixtia in Tloque Nahuaque;* también se lo nombra "tú, Dador de la vida", *Tipalnemohuani.*

La noble señora enumeró así algunos de los principales atributos del Dios que adoraban los nahuas y también los cristianos: él da la vida, está en todas partes y es creador de los humanos. Y como si tuviera presente la concepción mesoamericana del espacio vertical —pisos celestes, superficie terrestre y pisos inferiores— añade que Él es Dueño de los cielos y del mundo terrestre. Cierto es que no dijo que el Dios supremo es también *Mictlane,* Dueño de la región de los muertos, es decir, del inframundo. Posible explicación de esto es que Valeriano optara por no mencionar ese ámbito cósmico porque en él veían los cristianos —no los indígenas— a la región infernal, donde se hallan los demonios y los condenados al fuego eterno.

¿Qué piensa Juan Diego de sí mismo?

Antes de atender a la petición y al ofrecimiento que hizo la señora a Juan Diego, interesa ver cómo aparece él describiéndose a sí mismo y a los contemporáneos suyos. El autor del relato había pintado al principio cuál era el contexto en el que vivían Juan Diego y en general los indígenas. Dice que hacía poco tiempo "fue conquistada el agua, el monte, la ciudad de México", *opehualoc in atl, in tepetl, Mexico.* Y añade que, cuando ocurrió lo que va a referir, "ya reposó la flecha, el escudo", *omoman in mitl, in chimalli,* clásico difrasismo nahua que evoca la guerra, así como "el agua, el monte", que se refiere al pueblo y la ciudad. Las cosas comenzaban a cambiar, "no ya sólo brotó, ya verdea, abre su corola la creencia, el conocimiento del Dador de la vida, verdadero Dios", *in maca çan ye opeuh, ye xotla, ye cueponi in tlaneltoquiliztli, in iximachocatzin in Ipalnemohuani, nelli Teotl Dios.*

Juan Diego en varios momentos aparece hablando de sí y sus contemporáneos. Respondiendo a la noble señora, le dice: "En verdad yo soy un infeliz jornalero, sólo soy como la cuerda de los cargadores, en verdad soy angarilla [sólo para esto sirvo], sólo soy cola, soy ala [alguien cuyo destino es obedecer], soy llevado a cuestas, soy una carga", *ca nel nicnotlapaltzintli, ca nimecapalli, ca nicacaxtli, ca nicuitlapilli, ca natlapalli, ca nitco, ca nimamaloni.*

Todos los vocablos con que Juan Diego se describe como un pobre hombre los encontramos en varios de los *huehuehtlahtolli,* testimonios de la antigua palabra. Por ejemplo, el padre al amonestar a su hijo le dice: "así has sido moldeado, eres angarilla, cordel para la carga"[11], *ca ic mamalihuac in cacaxtli, in mecapalli.* Asimismo le hace notar que "eres llevado, eres cargado", *ca tiquihua, ca timamalo.*

Muy diferentes de él son aquellos a los que Juan Diego llama "apreciados nobles", *tlaçopipiltin,* "los conocidos, reverenciados, honrados", *in iximacho, in ixtilo, in mahuiztilo.*[12] A ellos se refiere cuando responde a la noble señora pidiéndole no lo escoja como mensajero a él, que es un pobre infeliz, sino a esos otros que pertenecen al grupo selecto de los de linaje, los que mandan.

[11] *Véanse* los *huehuehtlahtolli,* "antiguas palabras", que fray Andrés de Olmos hizo transcribir: *Huehuehtlahtolli. Testimonios de la antigua palabra,* reproducción facsimilar. Estudio introductorio: Miguel León-Portilla, versión de los textos nahuas: Librado Silva Galeana, Comisión Nacional Conmemorativa del Encuentro de Dos Mundos, México, 1988, 338.

[12] Alude aquí Juan Diego a los dos estratos sociales entre los nahuas: el de los *pipiltin,* "los de linaje o nobles", y el de los *macehualtin,* gente del pueblo, entre los cuales él se incluye.

En otros lugares aparece también Juan Diego expresándose con palabras que denotan ideas y modos de ser y respeto característicos de la antigua cultura. Ejemplos de esto son varios de los giros que emplea al dirigirse a la noble señora. Le dice: "¿Sientes bien tu precioso cuerpecito?", *¿cuix ticmohuelmachitia in motlaçonacayotzin?* Con temor de contrariarla, añade: "Daré aflicción a tu rostro, a tu corazón", *nictequipachoz in mixtzin, in moyollotzin.*

Hablando de la grave enfermedad de su tío Juan Bernardino, manifiesta la misma idea que aparece en muchos textos de la tradición prehispánica: "Porque en verdad para esto nacimos, hemos venido a esperar el trabajo de nuestra muerte", *ca ye nel inic otitlacatque, in ticchiaco in tomiquiztequiuh.* Dicha de otra forma, la misma idea aparece, por ejemplo, en un antiguo cantar: "Todos allá irán, allá, a la región de los muertos", *moch ompa onyazque can on ye mictlan.*[13]

En contraste con amargas reflexiones como éstas, Juan Diego, que ha dejado enfermo a su tío, se mostrará tranquilo al hablar por tercera vez con el obispo y entregarle las flores que había recogido en el Tepeyac. Sabía él —le dice— que "no era ése un lugar donde se dan las flores, porque sólo es pedregoso, hay abrojos, plantas espinosas, nopales silvestres, mezquites". Sin embargo, obedeciendo la palabra de la noble señora, había subido a lo más alto del cerrito y había visto que allí habían brotado varias flores preciosas. "Fui a acercarme a la cumbre del cerrito, vi

[13] La idea de que la muerte es el trabajo y el tributo propio del ser humano aparece en varios *huehuehtlahtolli.* Así en la oración a Tezcatlipoca en tiempo de una *cocoliztli* o gran epidemia, se expresa: *ca totequiuh in miquiztli, ca techcenmaceuh, auh ca miquiztequitihuaco in tlalticpac,* "porque nuestro tributo es la muerte, es para nosotros merecimiento en común, se viene a pagar el tributo de la muerte en la tierra" *(Códice florentino,* libro VI, cap. 1, fol. 3 v.). *Véase* también: *Cantares mexicanos,* fols. 19 v., 21 v., 26 r., 53 r., 66 r. y en otros muchos lugares.

que era la Tierra florida", el lugar de verdor y abundancia, morada del Dador de la lluvia, *in naçito in icpac tepetzintli in nitlachix ca ye Xochitlalpan.*

En el *Nican mopohua,* que se inicia con el canto y termina con las flores —*in xochitl, in cuicatl*— aparece una y otra vez "lo que dejaron dicho los ancianos", *in quitotehuaque in huehuetque,* es decir, pensamiento y formas de expresión de raíz prehispánica. Recordemos el asombro inicial de Juan Diego que, ante lo que ve y oye, no sabe si está dormido o ha llegado a *Xochitlalpan, Tonacatlalpan.* También sus alusiones a conceptos como el de *nomacehual,* "mi merecimiento", y a los que se refieren al "Dador de la vida, Dueño del cerca y del junto", "Dueño de lo que hay en la tierra", *Ipalnemohuani, Tloque Nahuaque, Tlalticpaque.* Asimismo, aparece lo prehispánico en lo que Juan Diego dice de sí mismo y, más generalmente, sobre lo que son los seres humanos. Recordemos su dicho: "Porque en verdad para esto nacimos, hemos venido a esperar el trabajo de nuestra muerte".

Encuentro del cristianismo con el hombre náhuatl

¿Hay algo más de la antigua cultura en este relato? Notemos que en todas las ocasiones en que habla Tonantzin Guadalupe, se expresa ella en un tono muy dulce, con abundancia de diminutivos. Para dirigirse a quien quiere que sea su mensajero, le dice: "Hijo mío, el más pequeño, Juanito", *Noxocoyouh, Juanitzin.* Y él le responde: "Señora mía, noble señora, mi muchachita", *Notecuyoé, çihuapillé, nochpochtziné.* Tanto Tonantzin Guadalupe como él se refieren siempre a lo que una y otro han dicho, empleando la expresión de corte clásico *nihiyotl, notlahtol,* "mi aliento, mi palabra", o "tu reverenciado aliento, tu reverenciada palabra", *mihiyotzin, motlahtoltzin.*[14]

Sin embargo, es obvio que el autor del *Nican mopohua* no pretendió escribir una obra destinada a exponer lo que habían sido el pensamiento y las formas de expresión prehispánicos. Su finalidad fue otra. Quiso narrar lo que enuncia el título de la edición que hizo del relato el bachiller Luis Lasso de la Vega en 1649, el cual, con lo que suena a un grande anacronismo, que deja ver es una copia de un manuscrito mucho más antiguo, dice: "Cómo, hace poco, maravillosamente se apareció la en todo doncella, Santa María, madrecita de Dios, allí en el Tepeyac, que se nombra Guadalupe", *in quenin, yancuican, huey tlamahuiçolticca monexiti in çenquizca ichpochtli Sancta María Dios inantzin, toçihuapillatocatzin, in oncan Tepeyacac, motenehua Guadalupe.* Si, según ya vimos, desde por lo menos 1556 la Virgen de Guadalupe atraía a muchos en su ermita, no resulta lógico escribir en 1649 que fue "cosa nueva o reciente" —esto significa *yancuic*— cuando se manifestó ella en el Tepeyac. Es éste otro indicio de que Lasso de la Vega copió el *Nican mopohua* de un antiguo manuscrito.

El autor del texto original, muy verosímilmente Valeriano, tuvo como propósito relatar algo que consideró extraordinario y que había culminado en los que consideró fueron grandes aconteceres. Uno fue el de esa imagen de la Virgen María pintada en la tilma del indio Juan Diego. Otro consistió en la edificación de "la reverenciada casa de la noble señora, allá en Tepeyácac".

Lo primero, acompañado de las flores preciosas, fue para él señal que confirmaba la verdad de las palabras de

[14] Esta expresión, del género de los difrasismos, se halla en numerosos textos clásicos y denota que lo que dice alguien merece grande aprecio.

la Madre de *Ipalnemohuani,* el Dador de la vida. Eran ellas la petición de que se le edificara su casita en ese lugar y a la vez el ofrecimiento de que —como lo expresa el texto con ternura— "allí mostraré, haré patente, entregaré a las gentes todo mi amor, mi mirada compasiva, mi ayuda, mi protección. Porque en verdad, yo soy vuestra madrecita compasiva. A ti y a todos los hombres que vivís juntos en esta tierra y también a todas las demás gentes que me amen, que me llamen, me busquen, confíen en mí. Así en verdad oiré su llanto, su pesar", *oncan nicnextiz, nicpantlaçaz, nictemacaz in ixquich notetlaçotlaliz, noteycnoitlaliz, in notepalehuiliz, in notemanahuiliz, ca nel nehhuatl in namoicnohuahcanantzin, in tehhuatl ihuan in ixquichtin in inic nican tlalpan ançepantlaca, ihuan in occequintin nepapan notetlaçotlacahuan, in notech motzatzilia, in nechtemoa, in notech motemachilia. Ca oncan niquincaquiliz in inchoquiz, in intlaocol.*

Para el hombre indígena pensar en la divinidad como en una madre que se aflige y preocupa por sus hijos, no era cosa extraña. Fray Bernardino de Sahagún en el texto que hizo transcribir acerca de la Conquista desde el punto de vista de testigos indígenas, recogió también de labios de ellos lo que, según se refería, había sido un presagio de la venida de los hombres de Castilla y la desgracia del pueblo mexica. Cihuacóatl, la diosa madre, es quien aparece en él: "Muchas veces se oía a una mujer que iba llorando y dando voces. De noche gemía y andaba diciendo, ¡hijos míos!, ya con esto tenemos que irnos. Y otras veces decía, ¡hijos míos!, ¿a dónde os llevaré?"[15]

En el relato la madrecita del Dador de la vida, *in Ipalnemohuani inantzin,* dice una y otra vez que "allí [en la casita que está pidiendo se le haga] en verdad oiré su llan-

[15] *Códice florentino,* 3 v., Archivo General de la Nación, México, 1979, III, libro XII, fol. 2 v.-3 r.

to, su pesar, así yo enderezaré, remediaré todas sus varias necesidades, sus miserias, sus pesares", *oncan niquincaquiliz inchoquiliz, in intlaocol, inic nicyectiliz, nicpahtiz in ixquich nepapan innetoliniliz, intonehuiz, inchichinaquiliz.*

Pero no sólo es la noble señora la que ofrece remedio y consuelo, también el indio, hombre del pueblo, macehual, aunque preocupado al ver cuán difícil le resulta obtener del obispo lo que ella pide, le habla así: "Señora, noble señora, muchachita mía, no disguste yo a tu rostro, a tu corazón. En verdad de corazón iré, marcharé para que se cumpla tu reverenciado aliento, tu reverenciada palabra. En verdad no lo abandonaré ni tengo por penoso el camino". *Notecuiyoé, çihuapillé, nochpochtziné, macamo nictequipacho in mixtzin, in moyollotzin, ca huel noçenyollocicopa nonyaz, noconeltilitiuh in mihiyotzin, in motlahtoltzin, ca niman amo nicnocacahualtica, manoçe nictecococamati in ohtli.*

Fueron las flores, "fragantes y preciosas", *ahuiayac inic mahuiztic,* las que el indio Juan Diego había ido a recoger en el Tepeyac y, según lo manifestó, estuvo entonces en *Xochitlalpan,* donde las colocó en el hueco de su tilma, la señal buscada y cumplida: "las puso de nuevo en mi regazo [...] y miré que era Tierra florida". *Occepa nocuixanco oconhualmotemilini [...] in nitlachix ca ye Xochitlalpan.* Paralela expresión ofrece el cantar de la tradición prehispánica: "Yo pongo en el hueco de mi tilma las variadas, fragantes flores, las gustosas, que dan contento [...] He ido allá a contemplar la Tierra florida." *Auh nicnocuecuexantia in nepapan ahuiac xochitl [...] a in ompa onitlachiato y Xochitlalpan.*

Y, como lo proclama el mismo cantar, son ellas, las flores y los cantos, igual que en el relato del *Nican mopohua,* las que hacen posible el acercamiento "al lugar a donde hay que ir", *in huilohuayan.* Es allí donde la señal se convierte en portento y es ya comienzo de alegría perdurable.

No será tal vez insistencia excesiva, a la luz de lo expuesto, plantear lo que ya he insinuado: ¿cabe sostener que, entre otras cosas, el *Nican mopohua* fue para su autor un intento de evocar el encuentro del mensaje cristiano con el hombre indígena, valiéndose de la riqueza conceptual y estilística de los nahuas?

Podrían algunos preguntar en este punto en qué expresiones del *Nican mopohua* es mayormente perceptible el mensaje cristiano de evangelización. Varias interpretaciones se han ofrecido al respecto. Así, se ha hablado de "una teología del *Nican mopohua*".[16] Desde diferentes perspectivas se ha intentado valorar su contenido e influencia en la transformación religiosa de México. El estudioso alemán Richard Nebel ha dedicado a esto una amplia obra.[17] En ella analiza sus posibles significados a la luz de la reflexión teológica. Fijándose en "el mensaje guadalupano", cree percibir en él una fuente de reflexión dogmático-moralizante, una dimensión ético-social vinculada mucho después, en un momento determinado, al movimiento conocido como "teología de la liberación".

Destaca él también otros aspectos, entre ellos la importancia de Tonantzin Guadalupe en el proceso evangelizador, en la religiosidad popular, en su significado para la Iglesia y la sociedad y en la formación del ser no sólo religioso sino cultural de México.

[16] Desde el siglo XVII aparecieron no pocas obras en que se intentaron interpretaciones teológicas de la mariofanía guadalupana. En tiempos modernos siguen siendo abundantes. *Véase* Clodomiro Siller, "Para una teología del *Nican mopohua*", *Estudios indígenas,* V, núm. 4, 1975-1976, 409-419.

[17] Richard Nebel, *Santa María Tonantzin, Virgen de Guadalupe, Religiose Kontinuität und Transformation in Mexiko,* Imersee, Neue Zeitschrift für Misionwissenschaft, 1993. Traducción al español: *Santa María Tonantzin, Virgen de Guadalupe. Continuidad y transformación religiosa en México,* versión de Carlos Warholtz Bustillos, Fondo de Cultura Económica, México, 1995.

No pretendiendo adentrarme en este complejo tema, me limitaré a dos consideraciones. Una, sobre la que ya he insistido, y que se desprende de la lectura del *Nican mopohua,* es que hay en este texto una exposición de ideas clave en el pensamiento cristiano, arropadas en el lenguaje y forma de concebir el mundo de los pueblos nahuas. Sin duda que en esta narrativa se pretende mostrar quiénes son Dios y la Virgen María y cuáles son sus relaciones de bondad y protección para con los seres humanos. Asimismo, se busca elucidar cuestiones de difícil comprensión como el sentido cristiano del existir en la tierra, el sufrimiento y la muerte.

La otra consideración sobre el mensaje del que es portador el *Nican mopohua* tiene que ver con la persona que aparece como protagonista en el relato, Juan Diego. De varias formas, tanto por lo que dice de sí mismo, como por el modo como le habla Tonantzin, y por el trato de duro rechazo de que es objeto por parte de los servidores del obispo Zumárraga, Juan Diego aparece siendo un pobre *macehual,* un simple hombre del pueblo, "infeliz jornalero, como cuerda de los cargadores *[mecapal],* cola y ala, cuyo destino es obedecer y servir, ser llevado y ser tenido como carga".

Él mismo, tal vez con cierta socarronería, llega a ponerse en contraste con "los conocidos, los apreciados nobles *(pipiltin),* los que son honrados, los de linaje". De él, por otra parte, se burlan los servidores del obispo, no lo toman en cuenta, dicen que es un mentiroso y llegan a amenazarlo con sacudirlo a golpes.

Sólo al final del relato, cuando el *macehual* logra presentarse ante Zumárraga, abrir su tilma de la que caen las rosas y se produce la que se ha descrito como "mariofanía" de Tonantzin, Juan Diego, "liberado", es tomado en cuenta. Según esta hipótesis, el mensaje sería la versión en ropaje náhuatl de las palabras de Jesús cuando dijo: "Bienaventurados los pobres de espíritu [es decir, los humildes que se reconocen como últimos] porque de ellos es el reino de los cielos".

Precisamente en los años que siguieron a la Conquista, "cuando ya descansaron la flecha y el escudo" y la inmensa mayoría de los vencidos habían quedado en situación de desposeídos y marginados, el mensaje se ofrece a ellos. Son los destinatarios de esa presentación sencilla, bella y a la vez profunda de los misterios de la nueva religión enseñada por los frailes. A ellos, los *macehuales* representados por Juan Diego, se dirigen las palabras de Tonantzin que habla de sí misma, del Dador de la vida, del sufrimiento, la muerte y el destino de los seres humanos.

Desde luego que el tema de la relación entre pensamiento náhuatl y mensaje cristiano —tal como puede percibirse en el *Nican mopohua*— encierra otras muchas facetas por elucidar. Sobre ellas podrá reflexionar el amigo lector no ya sólo de esta introducción sino del relato mismo. Para su disfrute he preparado esta traducción en la que busco transmitir, hasta donde me ha sido posible, la belleza y hondura de pensamiento de esta joya de la literatura náhuatl digna de conocerse y disfrutarse en los cuatro rumbos del mundo.

III. UNA NUEVA TRADUCCIÓN DEL "NICAN MOPOHUA"

RECORDARÉ QUE EXISTE una primera versión, un tanto libre, de este relato, debida al bachiller Miguel Sánchez en *Imagen de la Virgen María, Madre de Dios de Guadalupe, milagrosamente aparecida en la Ciudad de México,* publicada en la misma capital en 1648, es decir, un año antes de la aparición del libro de Lasso de la Vega. En el mismo siglo XVII vio la luz la traducción que preparó Luis Becerra Tanco en *Felicidad de México. El principio y milagroso origen que tuvo el santuario de la Virgen María, Nuestra Señora de Guadalupe.* En México, por la viuda de Bernardo Calderón. Año de 1675.

La traducción de Primo Feliciano Velázquez se publicó primero con el facsímile del *Huei tlamahuizoltica* —el relato editado por Luis Lasso de la Vega en 1649— que comienza con las palabras "Nican mopohua", como aportación de la Academia Mexicana de Nuestra Señora de Guadalupe, México, 1926. Esa traducción ha sido reproducida numerosas veces bajo el título de *La aparición de Santa María de Guadalupe,* entre otras, en México, Editorial Jus, 1981.

La versión póstuma que dejó Ángel Ma. Garibay K. apareció en la revista *Histórica,* órgano del Centro de Estudios Guadalupanos, México, III, 1978.

De Mario Rojas es *Nican mopohua, don Antonio Valeriano,* México, 1978. En esa edición incluye unos breves párrafos que no aparecen en los manuscritos más antiguos ni en la obra de Lasso de la Vega (1649), apoyándose en las versiones inéditas de Carlos Tapia Centeno y Joseph Julián

Ramírez, preparadas hacia 1770, que, sin indicar de dónde proceden, los registran.

Añadiré, finalmente, que Lisa Souza, Stafford Poole C. M. y James Lockhart han publicado en 1998 la primera traducción completa al inglés de cuanto incluye el opúsculo editado por Lasso de la Vega, con el título de *The Story of Guadalupe. Luis Lasso de la Vega's Huei Tlamahuiçoltica of 1649*, Stanford University Press y University of California, Los Ángeles, 1999.

Respecto de la presente nueva traducción diré que quiero destacar en ella —con la mayor fidelidad al texto— los rasgos del pensamiento y la estilística de tradición prehispánica que son perceptibles en él. Citaré, como muestra, la forma como tradujo don Primo Feliciano Velázquez tres párrafos de particular interés, comparando su versión con la que he preparado. El primer ejemplo es lo que expresa Juan Diego, hondamente sorprendido, al escuchar el canto de variadas aves en el Tepeyac. Ésta es la versión de don Primo:

> Se paró Juan Diego a ver y dijo para sí: ¿Por ventura soy digno de lo que oigo? ¿Quizás sueño? ¿Me levanto de dormir? ¿Dónde estoy? ¿Acaso en el paraíso terrenal que dejaron dicho los viejos, nuestros mayores? ¿Acaso ya en el cielo?[1]

Mi traducción, literal hasta donde es posible, busca mostrar lo propio del pensamiento náhuatl:

> Se detuvo Juan Diego,
> se dijo:
> ¿Es acaso merecimiento mío
> lo que escucho?
> ¿Tal vez sólo estoy soñando?

[1] Velázquez, *op. cit.*, 147.

¿Acaso sólo me levanto del sueño?
¿Dónde estoy?
¿Dónde me veo?
¿Tal vez allá
donde dejaron dicho los ancianos,
nuestros antepasados, nuestros abuelos,
en la Tierra florida,
en la Tierra de nuestro sustento,
tal vez allá en la Tierra celeste?

Otras dos muestras del modo de traducir el *Nican mopohua* las tomo de lo que dice Tonantzin Guadalupe acerca de sí misma y de la forma como, más tarde, se expresa Juan Diego respecto de su persona. Comienzo con la versión del señor Velázquez:

> Ella le habló y le descubrió su santa voluntad; le dijo: Sabe, ten entendido, tú, el más pequeño de mis hijos, que yo soy la siempre Virgen Santa María, Madre del verdadero Dios por quien se vive; del Criador cabe quien está todo, señor del cielo y de la tierra.[2]

La versión que aquí ofrezco, ajustándose al texto que pone de manifiesto el pensamiento náhuatl sobre la divinidad, es ésta:

En seguida así le habla ella,
le muestra su preciosa voluntad,
le dice:
Sábelo,
que esté así en tu corazón,
hijo mío, el más pequeño, en verdad soy yo,
la en todo siempre doncella,
Santa María,
su madrecita de Él, Dios verdadero,

[2] *Ibid.*, 149.

Dador de la vida,
Inventor de la gente,
Dueño del cerca y del junto,
Dueño de los cielos,
Dueño de la superficie terrestre.

Finalmente, veamos cómo tradujo don Primo las palabras de Juan Diego describiéndose a sí mismo: "Porque yo soy un hombrecillo, soy un cordel, soy una escalerilla de tablas, sólo soy hoja, soy gente menuda".[3]

Apegándome al texto náhuatl, mi traducción es ésta:

En verdad sólo soy un infeliz jornalero,
sólo soy como la cuerda de los cargadores,
en verdad soy parihuela,
sólo soy cola, soy ala,
soy llevado a cuestas, soy una carga.

Al traducir, procurando identificar lo que del pensamiento náhuatl hay en el *Nican mopohua,* no por ello he despreciado las versiones que he citado, incluyendo las inéditas de Joseph Julián Ramírez y Carlos de Tapia y Zenteno, dispuestas por encargo del arzobispo de México Francisco Antonio de Lorenzana, entre 1766 y 1771.[4]

Como ya lo noté, estas dos versiones tienen el interés de conservar un fragmento verosímilmente omitido en las transcripciones anteriores a ella pero que, por el contexto, parece debió existir. En dicho fragmento "la noble donce-

[3] Velázquez, *op. cit.*, 151.

[4] Carlos de Tapia y Zenteno y Joseph Julián Ramírez hicieron sus traducciones, que quedaron inéditas, con base en un manuscrito de la Colección de Boturini que se conservaba en la Biblioteca de la Universidad. *Véase* Lorenzo Boturini Benaduci, *Catálogo del Museo Indiano,* xxv, 1, publicado como apéndice de la *Idea de una nueva historia general de la América Septentrional,* Madrid, 1746, 84. Nueva edición con estudio introductorio por Miguel León-Portilla, Editorial Porrúa, México, 1974.

lla" aparece hablando con Juan Diego después de que éste se ha hallado por segunda vez con el obispo Zumárraga, que entonces le pidió una señal para aceptar su mensaje y petición. El fragmento fue identificado e intercalado por Primo Feliciano Velázquez en su traducción (1926); otro tanto hizo Mario Rojas Sánchez (1978), el cual lo vertió además al náhuatl esforzándose por imitar el estilo del relato. Por mi parte he optado por ceñirme a lo que aparece en los más antiguos manuscritos en náhuatl y en el texto impreso en 1649.

El más antiguo manuscrito del "Nican mopohua"

Respecto al manuscrito original del *Nican mopohua,* tan sólo es posible acudir a las copias que de él se conservan en la Biblioteca Pública de Nueva York —en particular la que se halla en el "papel roto y muy viejo"— que, según vimos, perteneció a José Fernando Ramírez y verosímilmente había formado parte de la colección de Lorenzo Boturini. Dicho manuscrito, que se halla trunco, es el que al parecer debe fecharse hacia mediados del siglo XVI. Por ser poco conocido, y no obstante su deterioro, lo reproduzco a modo de apéndice.

Al preparar esta traducción he seguido el texto de dicho manuscrito, conservando su grafía en la correspondiente transcripción paleográfica. Dado que se halla trunco —sólo se conservan 16 páginas— he tomado luego en cuenta el texto impreso de Lasso de la Vega. Respecto del primero, o sea el manuscrito, notaré que ostenta algunas diferencias si se compara con el impreso. No provienen ellas de variantes en el texto sino de la grafía empleada.

Las principales diferencias corresponden al empleo de

grafemas distintos para representar algunos fonemas. En tanto que en el texto impreso puede identificarse el uso más generalizado en la escritura del náhuatl hacia mediados del siglo XVII, en el manuscrito prevalecen formas de escribir vigentes en el siglo XVI. Señalaré dos de estas principales diferencias.

En el texto manuscrito se registra por medio de una *h* el fonema oclusivo conocido como "saltillo". En cambio, en la edición de Lasso de la Vega se indica por medio de un acento grave (`), siguiendo en esto lo propuesto en el *Arte de la lengua mexicana* del jesuita Horacio Carochi, publicado en México, 1645. Ejemplos de ello son *ohtli,* "camino", en vez de *òtli; nehhuatl, tehhuatl, yehhuatl,* "yo, tú, él", en vez de *nèhuatl, tèhuatl, yèhuatl; tlahtoani,* "el que gobierna", en vez de *tlàtoani; ihiyotl,* "aliento", en vez de *iìyotl.* Esta forma de registro del saltillo por medio de una *h* es otro indicio de que el texto manuscrito proviene verosímilmente de mediados del siglo XVI. También puede tenerse como otro argumento en apoyo de que su autor, profundo conocedor del náhuatl, precisamente como lo fue Antonio Valeriano, se preocupó por registrar el dicho fonema, cosa que varios que escribieron en náhuatl no lo hicieron.

Otro rasgo que también conviene destacar es el empleo en el manuscrito de la letra *c* acompañada de cedilla. Como en muchos otros textos de los siglos XVI, XVII y aun de parte del XVIII, se usa el grafema *ç* para representar el fonema /s/ en palabras como *çoquitl,* "barro"; *çan,* "sólo"; *tlaçocamati,* "gracias". Además, el mismo grafema *ç* se usa en el manuscrito, en vez de una simple *c,* en las sílabas *çe* y *çi.* Citaré como ejemplos los vocablos *çenca,* "mucho", *çihuapilli,* "noble señora". Este uso puede documentarse en algunos manuscritos e impresos nahuas del siglo XVI y principios del XVII, si bien es menos frecuente que el de la simple *c*, como sería en *cenca* y *cihuapilli*. Ya en pleno siglo XVII se abandonó la *ç* antes de *e, i*.

La grafía del manuscrito, en lo que concierne al uso de la *ç* antes de *e, i*, guarda semejanza con el texto de las "Ordenanzas para aprovechar las Cofradías a los que han de servir en el hospital", de fray Alonso de Molina, 1552, así como con la grafía de buen número de manuscritos en náhuatl conservados en el Archivo General de la Nación. Citaré algunos: "Testamento de doña María de la Cruz, hija del gobernador de Coyoacán, don Juan de Guzmán Itztolinqui, 1567" (Tierras, 1735, expediente 2, fols. 110 r.-v.); otro, que es una petición de fecha cercana al mismo don Juan (Tierras, 1735, expediente 2, fol. 127 r.); Testamento de Constantino Felipe, 1572 (Tierras, 1525, expediente 3).

Ya en pleno siglo XVII se abandonó el uso de la *ç* antes de *e, i* y sólo se conservó delante de la *a, o* y ocasionalmente *u*. Confirma esto la antigüedad del manuscrito del *Nican mopohua* conservado en la Biblioteca Pública de Nueva York.

En cuanto a influencias del español que pueden encontrarse en el *Nican mopohua* —texto manuscrito e impreso—, hay préstamos que, por el contexto, parecen necesarios como Santa María, Dios, obispo, misa, hora, Castilla, sábado, domingo, lunes, diciembre, iglesia mayor y otros pocos, en total menos de quince. He identificado además el uso del vocablo *ce*, no como numeral sino entendido como artículo indefinido, "uno", lo que no es usual en náhuatl clásico. Debe notarse, sin embargo, que fray Alonso de Molina en su *Vocabulario en la lengua castellana y mexicana*, publicado en México, 1555, registra los siguientes casos en que *ce* tiene tal sentido: *ce tlamantli*, "una cosa"; *ce amatlapalli*, "una hoja de árbol"; *ce atlapalli*, "un ala de ave".

Cuestiones gramaticales, ortográficas y léxicas

A quienes deseen conocer en sus pormenores las peculiaridades gramaticales del texto en náhuatl tanto del *Nican mopohua* como del *Nican motecpana* (la relación de los milagros), incluyendo los problemas que pueden plantear algunas formaciones de vocablos que parecen apartarse de las normas gramaticales de dicha lengua, recomiendo acudan al capítulo VII de la ya citada obra de Primo Feliciano Velázquez, *La aparición de Santa María de Guadalupe,* publicada originalmente en 1931 y reimpresa en 1981. Allí, su autor esclarece gran número de puntos relativos al dicho texto.

Teniendo ya casi concluidas esta introducción, así como la versión que aquí ofrezco del *Nican mopohua,* apareció el ya citado trabajo de Lisa Souza, Stafford Poole C.M. y James Lockhart, *The Story of Guadalupe. Luis Lasso de la Vega's Huei Tlamahuiçoltica of 1649.* Se incluye en él una transliteración del texto en náhuatl y una versión al inglés de toda la obra que publicó Luis Lasso de la Vega. En su introducción los editores estudian la estructura de las varias partes que integran la publicación de Lasso, sus diferencias estilísticas, así como diversos aspectos del uso de vocablos, tanto préstamos del español como los propios del náhuatl y sus modos de grafía. Interesante es notar que los editores reconocen que este texto, sobre todo el *Nican mopohua,* "es una de las mejores obras, que en cualquier tiempo se produjeron, para conocer los refinamientos de la más antigua forma de la lengua náhuatl".[5]

En lo que concierne al empleo de préstamos del español advierten que en el *Nican mopohua,* especialmente la histo-

[5] Souza *et alii, op. cit.,* 22.

ria propiamente dicha, hay muy pocos y ellos de un carácter básico, común a la lengua náhuatl en cualquier tiempo desde alrededor de 1550 en adelante.[6]

Añadiré aquí que, al igual que en otros textos nahuas de tema cristiano escritos en el siglo XVI, también en el *Nican mopohua* su autor introdujo varios neologismos. Daré unos ejemplos. Para referirse al obispo, se vale del compuesto *teopixcatlahtoani,* "el gobernante de los sacerdotes" o "gobernante sacerdotal". Éstos a su vez son mencionados como *ixiptlahuan in Tlacatl, Totecuyo,* "sus imágenes del Señor, el Señor nuestro". La Virgen de Guadalupe se describe a sí misma diciendo que es *Namoicnohuacanantzin,* "yo soy vuestra compasiva madre". También afirma ser *Nicenquizca cemicac ichpochtli,* "yo la del todo siempre doncella". Hablando de lo que se hacía con quienes concurrían a la iglesia se dice que *otepohualoc,* "la gente era contada"; es decir, que se le pasaba lista para confirmar que había asistido a la misa y a la doctrina. Para expresar que quien estaba en riesgo grave de muerte debía confesarse, se expresa que *quimocencahuitiliuh,* era necesario que "lo vinieran a dejar del todo preparado". La palabra *tlanezcayotl* se emplea en el sentido de "prueba, testimonio". Finalmente, *ineteochihuayan* que literalmente significa "el lugar donde se hace o practica lo tocante a Dios", se introduce con el sentido de "su oratorio", refiriéndose al de fray Juan de Zumárraga.

Volviendo a lo que expresan James Lockhart y quienes colaboraron con él en la obra que he citado, encontramos otra consideración que conviene aducir aquí. Tras haber identificado algunos vocablos en cuya construcción parece haber alguna variante o deficiencia en las normas gramaticales del náhuatl clásico, expresan: "los errores son,

[6] *Ibid.*, 25.

después de todo, principalmente de una muy sutil naturaleza".[7] Ciertamente los exámenes lingüístico y filológico realizados por Primo Feliciano Velázquez y los editores de la versión al inglés, confirman que el relato del *Nican mopohua* se halla en un náhuatl muy cuidado que bien puede representar la forma como se escribía por sus mejores conocedores hacia mediados del siglo XVI.

Forma de presentar el texto

En la edición de Lasso de la Vega (1649), el texto se halla distribuido en párrafos, muchos de ellos muy extensos. Esto mismo acontece con otros escritos nahuas, bien sea redactados originalmente en el siglo XVI, o transcripción de composiciones de la antigua tradición indígena. Mencionaré, como ejemplos, el manuscrito de *Cantares mexicanos* y el libro de los *Colloquios*, que incluye la reconstrucción prototípica de los diálogos entre los franciscanos y los sabios indígenas. En el manuscrito conservado en la Biblioteca Pública de Nueva York el texto en náhuatl aparece corrido; es decir, sin división alguna en párrafos. Aunque en varios lugares hay puntuación, bien sea de comas o de puntos, ello no determinó al escribano a separar el texto en forma de párrafos.

La presentación en largos párrafos y aun la ausencia de cualquier división entre ellos, frecuente en otros textos nahuas del siglo XVI, hace cansada su lectura y en algunos casos opaca su estilística. Por ello he seguido aquí el modo de proceder de investigadores como los alemanes Eduard Seler, Konrad Preuss y Walter Lehmann, y también de Ángel Ma. Garibay y otros, que han distribuido en líneas a

[7] Lockhart, *The Nahuas After the Conquest*, *op. cit.*, 20.

modo de versos, no pocos textos nahuas escritos originalmente en largos párrafos. Al obrar así, he adoptado varios criterios derivados de la estilística náhuatl. Uno consiste en la identificación de las frases que constituyen expresiones paralelas, rasgo muy frecuente en estas composiciones. En esta traducción podrá percibirse fácilmente la presencia de dicho recurso estilístico. Otro criterio proviene del ritmo y secuencia del texto. Acudiendo al texto en náhuatl podrá comprobarse la forma en que tomo esto en cuenta al distribuirlo a modo de versos.

He marcado además, por medio de números romanos, en el texto del *Nican mopohua* cuatro grandes divisiones que a algunos tal vez puedan parecer señalamientos de partes o "actos", al modo de una obra de teatro. No implica ello que considere que este relato es una composición dramática. Pienso, sin embargo, que en el texto pueden distinguirse esas cuatro partes. La primera abarca los aconteceres y los primeros diálogos de Juan Diego con la noble señora del cielo y con el obispo Juan de Zumárraga. La segunda incluye las palabras intercambiadas por la señora y el mismo indio que le da cuenta del resultado de su embajada ante el obispo. Como tercera parte se presentan los nuevos parlamentos que sostuvieron Juan Diego y el prelado, que pide a la noble señora le haga llegar una prueba o señal. Incluye asimismo la noticia de la grave enfermedad de Juan Bernardino, tío del indio, así como el reencuentro con la noble señora que lo reconforta y le ordena lleve la deseada prueba de las flores para convencer al obispo de la verdad de su mensaje. La cuarta y última parte comprende el cumplimiento de la orden de la señora y cuanto ocurre en el palacio del prelado: los diálogos finales y el que se describe como desenlace, el portento de la imagen y las flores.

Diré que, atendiendo al manuscrito más antiguo, he registrado por medio de una *h* los saltillos de varios vocablos y además he corregido la grafía de algunas palabras mal escritas. En la transcripción del resto del texto me he atenido al que publicó Luis Lasso de la Vega.

Debo expresar que me he abstenido de adicionar el texto náhuatl y la traducción castellana con notas al pie de página. Dicho texto y su traducción aparecen pareadas, de tal suerte que existe plena correspondencia en sus líneas. Añadiré que he corregido algunos obvios errores en la grafía de varias palabras. Considero además que lo expuesto en este y los anteriores capítulos esclarece suficientemente no pocas cuestiones de índole lingüística y filológica. También he hecho amplias referencias al significado mismo del relato y al sentido de determinados conceptos nahuas que en él se aducen. Para documentar el antiguo origen de dichos conceptos he citado buen número de testimonios. Pienso haber justificado así el subtítulo *—pensamiento náhuatl y mensaje cristiano—* que he dado a la presentación de este relato acerca de Tonantzin Guadalupe.

A MODO DE CONCLUSIÓN

VARIOS SON LOS PUNTOS sobre los que es pertinente hacer una recapitulación. En lo que toca a los orígenes del *Nican mopohua,* hemos visto, en virtud del náhuatl en que fue escrito, que debe tenerse como obra de un profundo conocedor de esa lengua. El relato mismo muestra que su autor, cristiano sincero, estaba familiarizado con muchos aspectos del antiguo pensamiento náhuatl. Entre otras cosas había tenido acceso a cantares de la tradición indígena, así como a textos del género de los *huehuehtlahtolli,* la "antigua palabra".

Con apoyo en lo que bien conocía, habló de *Xochitlalpan, Tonacatlalpan,* nombres del paraíso del dios de la lluvia; también acerca de lo que es *tomacehual,* "nuestro merecimiento" y *tomiquiztequiuh,* "el trabajo de nuestra muerte". Pudo asimismo poner en boca de Juan Diego palabras como éstas que aparecen en un *huehuehtlahtolli: Ca nel nictotlapaltzintli, ca nimecapalli, ca nicacaxtli, ca nicuitlapilli, ca niatlapalli, ca nitco, ca nimamaloni.* "En verdad yo soy un infeliz jornalero, sólo soy como la cuerda de los cargadores, en verdad soy parihuela, sólo soy cola, soy ala, soy llevado a cuestas, soy una carga". Y también, por estar familiarizado con el antiguo pensamiento, presentó a la noble señora refiriéndose a su hijo con estas palabras: *Ca nehhuatl in inantzin in huel nelli teotl, in Ipalnemohuani, in Teyocoyani, in Tloque Nahuaque, in Ilhuicahua, in Tlalticpaque.* "En verdad soy yo, su madrecita de Él, Dios verdadero, Dador de la vida, Inventor de la gente, Dueño del cerca y del junto, Dueño de los cielos y de la superficie terrestre".

Respecto de quien así escribió —según lo han reconocido, entre otros, Garibay, Lockhart y Biershorst— no sólo consta que conocía el antiguo pensamiento sino que, por su dominio del *tecpilahtolli*, lenguaje noble y pulido, puede afirmarse que compuso el *Nican mopohua* "en cualquier tiempo desde 1550 o 1560".[1] En concordancia con esto se hallan —como vimos— los testimonios que, acerca del autor, expresaron Carlos de Sigüenza y Góngora, Luis Becerra Tanco y Lorenzo Boturini.

Éstos sostuvieron que el bien conocido antiguo estudiante en el Colegio de Santa Cruz de Tlatelolco y hombre con merecida fama de sabio, Antonio Valeriano, había sido precisamente el autor de dicho texto. Más aún, Sigüenza juró haber poseído el manuscrito original en náhuatl firmado por Valeriano. Bezerra, por su parte, expresó haberlo visto, y Boturini haberlo copiado.

Importa recordar también que la descripción del manuscrito más antiguo del *Nican mopohua*, el "papel roto y muy viejo", del que otros también sacaron copias —como los catedráticos Joseph Julián Ramírez y Carlos de Tapia y Zenteno— coincide con las características de uno conservado en la Biblioteca Pública de Nueva York. A éste el historiador Ernest J. Burrus y Edmundo O'Gorman, que en esto lo sigue, le adjudican una fecha de composición unos pocos años posterior a 1550. O'Gorman, sin aducir varios de los hechos aquí examinados, concluyó, no obstante, que "tenemos por conjetura la más plausible y segura que Valeriano compuso el *Nican mopohua* en 1556".

Por otra parte, he respondido aquí a dos cuestiones que plantean problemas críticos. Una fue la concerniente a la

[1] Lockhart, *The Nahuas After the Conquest*, 20.

actitud de algunos franciscanos, como el provincial Francisco de Bustamante y Bernardino de Sahagún, adversa al culto de Tonantzin Guadalupe en el Tepeyac. Del primero, según vimos, se afirmó en su tiempo que había perdido autoridad por ello. Del segundo puede encontrarse una explicación en su celo, exacerbado en la vejez —recordemos que escribió sobre esto cuando tenía cerca de ochenta años— que lo hizo sospechar de la existencia de idolatrías en muchos lugares. Criticó acremente no sólo este culto sino también otros, como el de la Señora Santa Ana en el pueblo de Chiauhtempan, y el de San Juan Evangelista en Tianquizmanalco, ambos en la región poblano-tlaxcalteca.

La otra cuestión, a la que también atendí, fue la tocante a los motivos que pudo tener Valeriano para escribir este relato. Vimos, por las informaciones promovidas en 1556 por el arzobispo Montúfar, a raíz del sermón del franciscano Bustamante, que para entonces la ermita erigida a Tonantzin Guadalupe atraía ya a mucha gente, como antes había ocurrido allí con el templo dedicado a la Diosa Madre. Es obvio que debió interesar al arzobispo se escribiera un relato acerca de lo que se propalaba, es decir, que Nuestra Señora de Guadalupe había escogido ese lugar para mostrar allí su amor al pueblo vencido.

Valeriano, hombre con merecida reputación de sabio, si escribió el *Nican mopohua,* bien sea a solicitud de Montúfar o porque el asunto le atrajo, o si se quiere por ambas razones, realizó con grande acierto su cometido. Por una parte, puso allí de relieve lo que consideró el meollo de esa historia: el mensaje de la señora celeste que había pedido se le edificara su casa al pie del Tepeyac para atender las súplicas de cuantos acudieran allí a invocarla; por otra, presentó el relato incorporando en él cuanto le pareció adecuado de la antigua visión indígena del mundo.

En el *Nican mopohua,* Tonantzin Guadalupe habla dejando en claro lo que busca:

> Mucho quiero yo, mucho así lo deseo que aquí me levanten mi casita divina, donde mostraré, haré patente, entregaré a la gente todo mi amor, mi mirada compasiva, mi ayuda, mi protección. Porque en verdad yo soy vuestra madrecita compasiva, tuya y de todos los hombres que vivís juntos en esta tierra y también de todas las demás gentes que me amen, me busquen, confíen en mí.

Pero, así como lo expresa en sus primeras líneas el *Nican mopohua:* "Ya verdea, abre su corola, el conocimiento del Dador de la vida, verdadero Dios", también en él —como ampliamente lo he mostrado— se torna presente el antiguo pensamiento náhuatl. Con el simbolismo de la flor y el canto se pinta y matiza esta otra realización del encuentro de dos mundos. Quienes se acercan y hablan son la noble señora y el indio Juan Diego, pobre pero lleno de ingenio. Dialogan en náhuatl. Hay intercambio de ideas, metáforas y atisbos provenientes de dos maneras de pensar y sentir el misterio del existir humano en la tierra.

El *macehual,* hombre del pueblo, que se describe a sí mismo como cuerda de los cargadores, parihuela, cola y ala, comprueba que existe una Madre del que está cerca y junto, el Dador de la vida; ve las cosas como quien despierta de un sueño; entrevé cuál es el destino de los seres humanos; ha llegado a la Tierra florida, la de Nuestro sustento, ha hecho suyos los cantos, las flores; sabe ya, sobre todo, que la noble señora celeste es su Madrecita compasiva, es Tonantzin Guadalupe. En la percepción y transmisión de todo esto, se halla tal vez la significación más honda del *Nican mopohua:* el relato cuyo nuevo transvase al castellano aquí ofrezco.

Nican mopohua

PALEOGRAFÍA Y VERSIÓN AL CASTELLANO

I

Nican mopohua, motecpana,
in quenin, yancuican, huey tlamahuiçoltica,
monexiti in çenquizca ichpochtli,
Sancta María, Dios inantzin,
toçihuapillatocatzin,
in oncan Tepeyacac,
motenehua Guadalupe.
Acattopa quimottititzino çe maçehualtzintli,
itoca Juan Diego.
Auh çatepan monexiti in itlaçoixiptlatzin
in ixpan yancuican obispo
don fray Juan de Sumárraga,
ihuan in ixquich tlamahuiçolli
ye quimochihuilia.

Ye yuh mahtlacxihuitl
in opehualoc in atl in tepetl
Mexico,
in ye omoman in mitl, in chimalli,
in ye nohuian ontlamatcamani
in ahuahcan in tepehuahcan.
In maca çan ye opeuh,
ye xotla, ye cueponi
in tlaneltoquiliztli, in iximachocatzin

I

Aquí se relata, se pone en orden,
cómo, hace poco, de manera portentosa,
se mostró la perfecta doncella,
Santa María, madrecita de Dios,
nuestra noble señora,
allá en Tepeyácac, Nariz del monte,
que se dice Guadalupe.
Primero se mostró a un hombrecillo,
de nombre Juan Diego.
Luego apareció su imagen preciosa
ante el recién electo obispo
don fray Juan de Zumárraga,
y [también se relatan] todas las maravillas
que ha hecho.

Y a diez años
de que fue conquistada el agua, el monte,
la ciudad de México,
ya reposó la flecha, el escudo,
por todas partes estaban en paz
en los varios pueblos.
No ya sólo brotó,
ya verdea, abre su corola
la creencia, el conocimiento

in Ipalnemohuani, nelli Teotl Dios.
In huel ihquac in ipan xihuitl 1531,
quin iuh iquezquilhuioc
in metztli Diciembre mochiuh,
oncatca çe maçehualtzintli, icnotlahpaltzintli,
itoca catca Juan Diego,
iuh mihtoa ompa chane catca in Quauhtitlan.
Auh in ica teoyotl,
oc mochi ompa pohuia in Tlatilulco.

Auh sabado catca,
huel oc yohuatzinco,
quihualtepotztocaya in teoyotl,
ihuan in inetititlaniz.
Auh in açico in inahuac tepetzintli,
in itocayohcan Tepeyacac,
ye tlatlalchipahua.
Concac in icpac tepetzintli cuicoa,
yuhquin nepapan tlaçototome cuica.
Cacahuani in in tozqui,
iuhquin quinananquilia tepetl.
Huel çenca teyolquima, tehuellamachti,
in incuic quiçenpanahuia in coyoltototl,
in tzinitzcan ihuan in occequin tlaçototome ic cuica.

Quimotztimoquetz in Juan Diego,
quimolhui:
¿Cuix nomacehual
in ye niccaqui?
¿Aço çan nictemiqui,
aço çan niccochitlehua?

del Dador de la vida, verdadero Dios.
Entonces, en el año 1531,
pasados algunos días
del mes de diciembre, sucedió.
Había un hombrecillo, un pobrecillo,
su nombre era Juan Diego.
Se dice que tenía su casa en Cuauhtitlán.
Y en cuanto a las cosas divinas,
aún todo pertenecía a Tlatelolco.

Y era sábado,
todavía muy de mañana,
venía en seguimiento de las cosas divinas
y de lo que estaba mandado.
Y vino a acercarse al cerrito,
donde se llama Tepeyácac,
ya relucía el alba en la tierra.
Allí escuchó: cantaban sobre el cerrito,
era como el canto de variadas aves preciosas.
Al interrumpir sus voces,
como que el cerro les respondía.
Muy suaves, placenteros,
sus cantos aventajaban a los del pájaro cascabel,
del tzinitzcan y otras aves preciosas que cantan.

Se detuvo Juan Diego,
se dijo:
¿Es acaso merecimiento mío
lo que escucho?
¿Tal vez estoy sólo soñando?
¿Acaso sólo me levanto del sueño?

¿Canin ye nicah,
canin ye ninottah?
¿Cuix ye oncan
in quitohtehuaque huehuetque,
tachtohuan, tococolhuan,
in Xochitlalpan,
in Tonacatlalpan,
cuix ye oncan in Ilhuicatlalpan?

Ompa on ytzticaya
in icpac tepetzintli,
in tonatiuh iquiçayampa,
in ompa hualquiztia
in ilhuicatlaçocuicatl.
In oyuhçeuhtiquiz in cuicatl,
in omocactimoman.
In yee quicaqui,
hualnotzalo
in icpac tepetzintli.
Quilhuia: Juantzin, Juan Diegotzin.
Niman çan yee motlahpaloa
inic ompa yaz,
in canin notzalo.

Ahquen mochihua in iyollo,
manoçe itla ic miçahuia,
yeçe huel paqui,
huellamachtia.
Quitlehcahuita in tepetzintli,
ompa ytztia in campa hualnotzaloc.
Auh in ye ahçitiuh

¿Dónde estoy?
¿Dónde me veo?
¿Tal vez allá,
donde dejaron dicho los ancianos,
nuestros antepasados, nuestros abuelos,
en la Tierra florida, Xochitlalpan,
en la Tierra de nuestro sustento, Tonacatlalpan,
tal vez allá en la Tierra celeste, Ilhuicatlalpan?

Hacia allá estaba mirando,
hacia lo alto del cerrito,
hacia donde sale el sol,
hacia allá, de donde venía
el precioso canto celeste.
Cesó el canto,
dejó de escucharse.
Ya entonces oyó,
era llamado
de arriba del cerrito.
Le decían: Juanito, Juan Dieguito.
Luego ya se atrevió,
así irá a allá,
donde era llamado.

Nada inquietó su corazón,
ni con esto se alteró,
sino que mucho se alegró,
se regocijó.
Fue a subir al cerrito,
allá va a ver donde lo llamaban.
Y cuando llegó

in icpac tepetzintli,
in ye oquimottili çe çihuapilli
oncan moquetzinohticac.

Quihualmonochili
inic onyaz in inahuactzinco.
Auh in oyuhahçito in ixpantzinco,
çenca quimomahuiçalhui
in quenin huellaçenpanahuia
in ic çenquizca mahuizticatzintli.
In itlaquentzin
yuhquin tonatiuh ic motonameyotia,
in ic pepetlaca.
Auh in tetl, in texcalli
in ic itech moquetza,
inic quimina in itlanexyotzin
yuhqui in tlaçochalchihuitl,
maquiztli, in ic neçi.
Yuhquin ayauhcoçamalo
cuecueyoca in tlalli.
Auh in mizquitl, in nopalli
ihuan occequin nepapan xiuhtotontin
oncan mochichihuani,
yuhquin quetzaliztli,
yuhqui in teoxihuitl in iahtlapallo neçi,
auh in iquauhyo, in ihuitzyo, in iahhuayo,
yuhqui in coztic teocuitlatl ic pepetlaca.

Ixpantzinco mopechtecac,
quicac
in ihiyohtzin, in itlahtoltzin,

a la cumbre del cerrito,
contempló a una noble señora
que allí estaba de pie.

Ella lo llamó,
para que fuera a su lado.
Y cuando llegó a su presencia,
mucho le maravilló
cómo sobrepasaba
toda admirable perfección.
Su vestido,
como el sol resplandecía,
así brillaba.
Y las piedras y rocas
sobre las que estaba
flechaban su resplandor
como de jades preciosos,
cual joyeles relucían.
Como resplandores de arco iris
reverberaba la tierra.
Y los mezquites, los nopales
y las demás variadas yerbitas
que allí se dan,
se veían como plumajes de quetzal,
como turquesas aparecía su follaje,
y su tronco, sus espinas, sus espinitas,
relucían como el oro.

Delante de ella se inclinó,
escuchó
su reverenciado aliento, su reverenciada palabra,

in huel çenca tehuellamachti,
in huel tecpiltic,
yuhqui in quimoçoçonahuilia,
quimotlahtlaçotilia.
Quimolhuili:
Tlaxiccaqui, noxocoyouh,
Juanitzin, ¿campa in timohuica?

Auh in yehhuatl quimonanquilili:
Notecuiyoé, çihuapillé,
nochpochtziné,
ca ompa nonaçiz mochantzinco,
Mexico Tlatilolco,
nocontepotztoca in teoyotl,
in techmomaquilia,
in techmomachtilia
in ixiptlahuan in Tlacatl,
in Totecuiyo, in toteopixcahuan.

Niman ye ic quimononochilia,
quimixpantilia in itlaçotlanequiliztzin.
Quimolhuilia:
Ma xicmati,
ma huel yuh in moyollo,
noxocoyouh,
ca nehhuatl
in niçenquizca çemicac ichpochtli,
Sancta María,
in inantzin in huel nelli Teotl Dios,
in Ipalnemohuani,
in Teyocoyani,

en extremo afable,
muy noble,
como que lo atraía,
le mostraba amor.
Le dijo ella:
Escucha, hijo mío, el más pequeño,
Juanito, ¿a dónde vas?

Y él le respondió:
Señora mía, noble señora,
mi muchachita,
me acercaré allá, a tu reverenciada casa
en México Tlatelolco,
voy a seguir las cosas divinas,
las que nos entregan,
nos enseñan
los que son imagen del Señor,
el Señor Nuestro, nuestros sacerdotes.

En seguida así le habla ella,
le muestra su preciosa voluntad,
le dice:
Sábelo,
que esté así tu corazón,
hijo mío, el más pequeño,
en verdad soy yo
la en todo siempre doncella,
Santa María,
su madrecita de él, Dios verdadero,
Dador de la vida, Ipalnemohuani,
Inventor de la gente, Teyocoyani,

in Tloque Nahuaque,
in Ilhuicahua,
in Tlalticpaque.
Huel nicnequi,
cenca niquelehuia
inic nican nechquechilizque
noteocaltzin,
in oncan nicnextiz,
nicpantlaçaz,
nictemacaz
in ixquich notetlaçotlaliz,
noteycnoittaliz,
in notepalehuiliz, in notemanahuiliz,
Ca nel nehhuatl
in namoicnohuahcanantzin,
in tehhuatl ihuan in ixquichtin
inic nican tlalpan ançepantlaca,
ihuan in occequin nepapantlaca,
notetlaçotlacahuan,
in notech motzatzilia, in nechtemoa,
in notech motemachilia.

Ca oncan niquincaquiliz,
in inchoquiliz, in intlaocol,
inic nicyectiliz,
nicpahtiz in ixquich nepapan innetoliniliz,
intonehuiz, inchichinaquiliz.
Auh inic huelneltiz in nicnemilia,
in notehicnoittaliz,
ma xiauh in ompa in itecpanchan
in Mexico Obispo.

Dueño del cerca y del junto, Tloque Nahuaque,
Dueño de los cielos, Ilhuicahua,
Dueño de la superficie terrestre, Tlalticpaque.
Mucho quiero yo,
mucho así lo deseo
que aquí me levanten
mi casita divina,
donde mostraré,
haré patente,
entregaré a las gentes
todo mi amor,
mi mirada compasiva,
mi ayuda, mi protección.
Porque, en verdad, yo soy
vuestra madrecita compasiva,
tuya y de todos los hombres
que vivís juntos en esta tierra
y también de todas las demás gentes,
las que me amen,
los que me llamen, me busquen,
confíen en mí.

Allí en verdad oiré
su llanto, su pesar,
así yo enderezaré,
remediaré todas sus varias necesidades,
sus miserias, sus pesares.
Y para que sea realidad lo que pienso,
lo que es mi mirada compasiva,
ve allá al palacio
del obispo de México.

Auh tiquilhuiz in quenin nehhuatl nimitztlani
inic tiquixpantiz
in quenin huel çenca niquelehuia
inic nican nechcalti,
nechquechili in ipan in tlalmantli noteocal.
Huel mochi ticpohuiliz
in ixquich in otiquittac,
oticmahuiço
ihuan in tlein oticcac.

Auh ma yuh ye in moyollo
ca huel nictlaçohcamatiz,
auh ca niquixtlahuaz,
ca ic nimitzcuiltonoz,
nimitztlamachtiz.
Ihuan miec oncan ticmaçehuaz,
ic niccuepcayotiz
in moçiahuiliz, in motequipanoliz,
in ic ticnemilitiuh
in tlein nimitztitlani.
Ocayeoticcac, noxocoyouh,
in nihiyo, in notlahtol.
Ma ximohuicatiuh,
ma ixquich motlapal xicmochihuili.

Auh niman ic ixpantzinco onmopechtecac,
quimolhuili:
Notecuiyoé, çihuapillé,
ca ye niyauh inic nicyectiliz
in mihiyotzin, in motlahtoltzin.

Y le dirás cómo te envío
para que le muestres
cómo mucho deseo
que aquí se me haga una casa,
se me levante mi casa divina en el llano.
Bien le contarás
todo cuanto viste,
lo que te ha admirado,
y lo que oíste.

Y que así esté tu corazón,
porque bien lo agradeceré,
lo compensaré,
en verdad así te daré en abundancia,
te enalteceré.
Y mucho allí merecerás,
así yo te recompensaré
por tu fatiga, tu trabajo,
con que irás a cumplir
a lo que yo te envío.
Ya escuchaste, hijo mío el más pequeño,
mi aliento, mi palabra.
Ve ya,
hazlo con todo tu esfuerzo.

Luego él ante ella se postró,
le dijo:
Señora mía, noble señora,
en verdad ya voy, cumpliré
tu reverenciado aliento, tu reverenciada palabra.

Ma oc nimitznotlalcahuili,
in nimocnomaçehual.

Niman ic hualtemoc
inic quineltilitiuh in inelitlaniz,
connamiquico in cuepohtli,
huallamelahua Mexico.
In oahçico itic altepetl,
niman ic tlamelauh in itecpanchantzinco in Obispo,
in huel yancuican hualmohuicac,
teopixcatlahtoani,
itocatzin catca don fray Juan de Sumarraga,
San Francisco teopixqui.

Auh in oahçito,
niman ic moyeyecoa inic quimottiliz,
quintlatlauhtia in itetlayecolticahuan,
in itlannencahuan,
inic conittotihui.
Ye achi huehcautica.
In connotzaco,
in ye omotlanahuatili in tlatohuani Obispo,
inic calaquiz.
Auh in oncalac,
niman ixpantzinco motlanquaquetz,
mopechtecac.
Niman ye ic quimixpantilia,
quimopohuilia
in iiyhotzin, in itlahtoltzin
Ilhuicac çihuapilli
in inetitlaniz.

Así pues ahora te dejo,
yo tu pobre servidor.

Luego vino a bajar
para ir a cumplir su encargo,
vino a encontrar la calzada
que va derecho a México.
Cuando llegó al interior de la ciudad,
luego se fue derecho al palacio del obispo,
el cual hacía poco había llegado,
el gobernante de los sacerdotes,
su nombre era don fray Juan de Zumárraga,
sacerdote de San Francisco.

Y fue a acercarse,
luego trata de verlo,
suplica a los que le sirven,
a sus criados,
que vayan a decirle.
Ya un poco se hizo larga la espera.
Vienen a llamarlo,
ya lo dispuso el que gobierna, obispo,
así entrará.
Y ya entró,
en seguida ante él se pone de rodillas,
se inclina.
Luego ya le hace manifiesto,
le comunica
su reverenciado aliento, su reverenciada palabra
de la noble señora del cielo,
lo que es su mensaje.

No ihuan quimolhuilia,
in ixquich oquimahuiço,
in oquittac, in oquicac.

Auh in oquicac in mochi ytlahtol,
inetitlaniz,
yuhquin amo çenca monelchiuhtzino.
Quimonanquili, quimolhuili:
Nopiltziné, ma ocçeppa tihuallaz,
oc ihuian nimitzcaquiz,
huel oc itzinecan niquittaz,
nicnemiliz in tlein ic otihualla,
in motlanequiliz,
in motlaelehuiliz.

II

Hualquiz, tlaocoxtihuitz,
inic amo niman oneltic
in inetitlaniz.
Niman hualmocuep,
iz ça ye iquac ipan çemilhuitl,
niman onca huallamelauh
in icpac tepetzintli.
Auh ixpantzinco ahçito,
in ilhuicac çihuapilli,
iz çan ye oncan in canin acattopa quimottili,
quimochiyayalitica.

También le refiere
todo lo que le había maravillado,
lo que vio, lo que escuchó.

Pero el obispo cuando oyó todo su relato,
su mensaje,
como que no le pareció muy verdadero.
Le respondió el obispo, le dijo:
Hijo mío, otra vez vendrás,
más despacio te escucharé,
así desde el comienzo veré,
pensaré qué te ha traído,
lo que es tu voluntad,
lo que es tu deseo.

II

Salió, se fue triste,
porque no en seguida se cumplió
lo que era su mensaje.
Después fue a regresar,
cuando ya se había completado el día,
allá se fue derecho
a lo alto del cerrito.
Y llegó delante de ella,
la noble señora celeste,
allí donde la primera vez se le hizo visible,
allí lo estaba aguardando.

Auh in oyuhquimottili,
ixpantzinco mopechtecac,
motlalchitlaz,
quimolhuili:
Notecuiyoé, tlacatlé, çihuapillé,
noxocoyohué, nochpochtziné,
ca onihuia in ompa
otinechmotitlanili,
ca onicneltilito
in mihiyohtzin, in motlahtoltzin.
Maçihui in ohuihuitica, in onicalac
in ompa iyeyan
in teopixcatlahtohuani,
ca oniquittac,
ca oixpan nictlalli
in mihiyotzin, in motlahtoltzin,
in yuh otinechmonanahuatili.
Onechpaccaçeli,
auh oquiyeccac;
yeçe inic onechnanquili
yuhquin amo iyollo omaçic,
amo monelchihua.

Onechilhui:
Occepa tihuallaz,
oc ihuiyan nimitzcaquiz,
huel oc ytzinecan niquittaz
in tlein otihualla,
motlayelehuiliz,
motlanequiliz.

Y cuando así la vio,
ante ella se inclinó,
se humilló hasta el suelo,
le dijo:
Mi señora, señora, noble señora,
hija mía la más pequeña, mi muchachita,
ya fui allá,
a donde me enviaste como mensajero,
en verdad fui a que se cumpliera
tu reverenciado aliento, tu reverenciada palabra.
Aun cuando con mucha dificultad, entré,
allá donde es su lugar de estar,
del que manda a los sacerdotes,
en verdad lo vi,
en verdad ante él expuse
tu reverenciado aliento, tu reverenciada palabra,
como tú me lo mandaste.
Me recibió él con agrado,
y con atención escuchó
pero así me respondió
como que su corazón no lo reconoció,
no lo tuvo por verdad.

Me dijo:
Otra vez vendrás,
así despacio te escucharé,
así podré ver desde el comienzo
por qué has venido,
lo que es tu deseo,
lo que es tu voluntad.

Huel ytech oniquittac,
in yuh onechnanquilli,
ca momati
in moteocaltzin, ticmonequiltia
mitzmochihuililizque nican,
aço çan nehhuatl nicyoyocoya,
acaçomo motencopatzinco.
Ca çenca nimitznotlatlauhtilia
notecuiyoé, çihuapillé, nochpochtziné,
manoço aca çeme in tlaçopipiltin,
in iximacho, in ixtilo, in mahuiztilo,
itech xicmocahuili,
in quitquiz, in quihuicaz
in mihiyotzin, in motlahtoltzin,
inic neltocoz.

Ca nel nicnotlapaltzintli,
ca nimecapalli,
ca nicacaxtli,
ca nicuitlapilli, ca natlapalli,
ca nitco, ca nimamaloni,
camo nonenemian,
camo nonequetzayan,
in ompa tinechmihualia,
nochpochtziné, noxocoyohué,
tlacatlé, çihuapillé.
Ma xinechmotlapopolhuili,
nictequipachoz in mixtzin, in moyollotzin,
ipan niaz, ipan nihuetziz
in moçomatzin, in mocualontzin,
tlacatlé, notecuiyoé.

De eso pude ver,
del modo como me respondió,
que en verdad piensa él
que tu reverenciada casa divina,
que quieres que aquí te hagan,
tal vez yo sólo la he inventado,
tal vez no viene de tus reverenciados labios.
Por esto, mucho te ruego,
señora mía, noble señora, mi muchachita,
que a alguno de los preciosos nobles,
los conocidos, reverenciados, honrados,
así le encargues
que lleve, que conduzca
tu reverenciado aliento, tu reverenciada palabra,
para que así sea creída.

En verdad yo soy un infeliz jornalero,
sólo soy como la cuerda de los cargadores,
en verdad soy angarilla,
sólo soy cola, soy ala,
soy llevado a cuestas, soy una carga,
en verdad no es lugar donde yo ando,
no es lugar donde yo me detengo,
allá a donde tú me envías,
mi muchachita, mi hija la más pequeña,
señora, noble señora.
Por favor, perdóname,
daré pena con esto a tu rostro, a tu corazón,
iré, caeré
en tu enojo, en tu cólera,
señora, señora mía.

Quimonanquilili iz çenquizca
mahuizychpochtzintli:
Tlaxiccaqui, noxocoyouh,
ma huel yuh ye in moyollo,
camo tlaçotin in notetlayecolthicahuan,
in notititlanhuan,
in huel intech niccahuaz
in quitquizque in nihiyo, in notlahtol,
in quineltilizque in notlanequiliz.
Yeçe huel yuh monequi
inic huel tehhuatl ic tinemiz,
ipan titlahtoz,
huel momatica neltiz,
mochihuaz, in noçializ, in notlanequiliz.
Auh, huel nimitztlatlahutia
noxocoyouh,
ihuan nimitztlacuauhnahuatia
ca huel, occeppa, tiaz in moztla,
tiquittatiuh in Obispo.

Auh nopampa xicnehmachti,
huel yuh xiccaquiti
in noçializ,
in notlanequiliz,
inic quineltiliz
inic quichihuaz in noteocal,
niquitlanilia.
Ihuan huel occeppa xiquilhui
in quenin huel nehhuatl,
niçemicac ichpochtli Santa María,
in niinantzin teotl Dios,
in ompa nimitztitlani.

Así le respondió la perfecta,
admirable doncella:
Escucha, tú el más pequeño de mis hijos,
que así lo comprenda tu corazón,
no son gente de rango mis servidores,
mis mensajeros,
a quienes yo podré encargar
que lleven mi aliento, mi palabra,
los que podrán hacer se cumpla mi voluntad.
Pero es muy necesario
que tú vayas,
abogues por esto,
gracias a ti se realice,
se cumpla mi querer, mi voluntad.
Y mucho te pido,
hijo mío, el más pequeño,
y mucho te mando
que, una vez más, vayas mañana,
vayas a ver al obispo.

Y de mi parte haz que sepa,
haz que oiga bien
lo que es mi querer,
lo que es mi voluntad,
para que cumpla,
edifique mi casa divina,
la que yo le pido.
Y, una vez más, bien dile
cómo yo,
la siempre doncella Santa María,
yo, su madrecita de Teotl Dios,
a ti como mensajero te envío.

Auh in Juan Diego quimonanquili
quimolhuili:
Notecuiyoé, çihuapillé, nochpochtziné,
macamo nictequipacho
in mixtzin, in moyollotzin.
Ca huel noçenyollococopa nonyaz,
noconneltilitiuh
in mihiyotzin, in motlahtoltzin.
Ca niman amo nicnocacahualtia,
manoçe nictecococamati in ohtli.
Ca nonyaz
noconchihuatiuh in motlanequiliztzin,
çan huel ye in aço camo niyeccacoz,
intlanoçe ye onicacoc
acahçomo nineltocoz.
Ca tel moztla
ye teotlac,
in ye oncalaqui tonatiuh,
niccuepaquiuh
in mihiyotzin, in motlahtoltzin,
in tlein ic nechnanquiliz
in teopixcatlatohuani.
Ca ye nimitznotlalcahuilia, noxocoyohué,
nochpochtziné, tlacatlé, çihuapillé,
ma oc ximoçehuitzino.

III

Auh niman ic ya in ichan moçehuito.
Auh in imoztlayoc,

Y Juan Diego le respondió,
le dijo:
Señora mía, noble señora, muchachita mía,
no disguste yo
a tu rostro, a tu corazón.
En verdad, de corazón iré,
marcharé para que se cumpla
tu reverenciado aliento, tu reverenciada palabra.
En verdad no lo abandonaré
ni tengo por penoso el camino.
Iré ya,
iré a cumplir tu voluntad,
sólo que tal vez no seré oído
y, si fuere escuchado,
quizá no seré creído.
Pero en verdad, mañana,
ya de tarde,
ya puesto el sol,
vendré a devolverte
tu reverenciado aliento, tu reverenciada palabra,
lo que me responderá
el que gobierna a los sacerdotes.
Ya te dejo, hija mía la más pequeña,
mi muchachita, señora, noble señora,
que así pues descanses.

III

Y luego él se fue a reposar a su casa.
Y ya el día siguiente,

domingo, huel oc yohuatzinco,
tlatloyahuatoc,
ompa hualquiz in ichan,
huallamelauh in Tlatilulco,
quimatihuitz in teoyotl
ihuan inic tepohualoz.
Niman ye inic quittaz teopixcatlahtohuani.

Auh ahço ya ipan matlactli hora
in oneçencahualoc,
inic omocac misa,
ihuan otepohualoc,
in hualxin in ixquich maçehualli.
Auh in yehhuatl Juan Diego
niman ic ya in itecpanchantzinco
in tlahtohuani Obispo.
Auh in oahçito,
ixquich itlapal oquichiuh inic quimottiliz,
auh huel ohuitica
in ocçeppa quimottili.

Icxitlantzinco motlanquaquetz.
Choca, tlaocoya, inic quimononochilia,
inic quimixpantilia
in ihiyotzin, in itlahtoltzin
in ilhuicac çihuapilli.
Inic ahço çanen neltocoz in inetitlaniz,
in itlanequiliztzin
çenquizca ichpochtli,
inic quimochihuililizque in iteocaltzin,
in canin omotlatenehuili,
in canin quimonequiltia.

domingo, todavía un poco de noche,
estaba oscuro,
de allá salió, de su casa,
vino derecho a Tlatelolco,
vino a aprender las cosas divinas
y a ser contado en la lista.
Luego ya verá al que gobierna a los sacerdotes.

Y tal vez ya a las diez
había terminado,
así ya había oído misa,
y fue contado en la lista,
y toda la gente se había ido.
Pero él, Juan Diego,
luego va al palacio,
su casa, del que gobierna, obispo.
Y cuando llegó,
puso todo su empeño en verlo,
y con mucha dificultad,
otra vez lo vio.

Junto a sus pies se arrodilló.
Llora, se aflige, así le habla,
así le manifiesta
el reverenciado aliento, la reverenciada palabra,
de la noble señora celeste.
Acaso no será creído el mensaje,
la voluntad
de la que es en todo doncella,
que le hagan su casa divina
donde ella lo había dicho,
donde ella lo quería.

Auh in tlahtohuani Obispo
huel miac tlamantli inic quitlatlani,
quitlatemoli,
inic huel iyollo mahçiz
campa in quimottili, quenamecatzintli.

Huel moch quipohuilili in tlahtohuani Obispo.
Auh maçihui in huel moch quimomelahuilili,
in yuhcatzintli, ihuan in ixquich oquittac,
oquimahuiço,
inca huel yuh neçi
ca yehhuatzin iz çenquizca ychpochtzintli,
in itlaçomahuiznantzin
in Totemaquixticatzin, Totecuiyo Jesuchristo,
yeçe amo niman ic omonelchiuh.

Quihtto ca amo çan ica itlahtol
itlaitlaniliz mochihuaz,
moneltiliz in tlein quitlani.
Ca huel oc itla inezca monequi
inic huel neltocoz
in quenin huel yehhuatzin quimotitlanilia
in ilhuicac çihuapilli.

Auh in oyuhquicac in Juan Diego,
quimolhuili in Obispo:
Tlacatlé, tlahtohuanié,
ma xicmottili catlehua yez
in inezca ticmitlanilia,
ca niman niyaz,
niquitlanililitiuh in ilhuicac çihuapilli,
onechhualmotitlanili.

Mas el que gobierna, obispo,
muchas cosas así le preguntó
e inquirió,
para de este modo enterarse
dónde la vio, cómo era.

Todo se lo refirió al que gobierna, obispo.
Pero, aunque todo se lo hizo manifiesto,
cómo era y todo lo que vio,
lo que admiró,
que en verdad así aparece
la que es ella la en todo doncella,
la admirable, reverenciada madre,
del que nos liberó, Señor Nuestro Jesucristo,
sin embargo, no luego se cumplió su deseo.

Dijo el obispo que no sólo por la palabra,
la petición de él, Juan Diego, se hará,
se cumplirá lo que pidió.
Todavía se necesitaba alguna señal
para que bien pudiera ser creído
cómo a él lo enviaba como mensajero
la noble señora celeste.

Y así que lo escuchó Juan Diego,
luego le dijo al obispo:
Señor, tú que gobiernas,
mira cuál será
la señal que tú pides,
que en verdad iré luego,
iré a pedírsela a la noble señora celeste,
la que a mí me envió.

Auh in oquittac in Obispo
ca huel monelchihua,
ca niman atle ic meleltia, motzotzona,
niman ic quihua.
Auh in ye huitz,
niman ic quinmonahuatili
quezqui in ichantlaca,
in huel intech motlacanequi,
quihualtepotztocazque,
huel quipipiazque campa in yauh,
ihuan aquin conytta,
connotza.

Tel yuh mochiuh.
Auh in Juan Diego niman ic huallamelauh,
quitocac in cuepohtli.
Auh in quihualtepotztocaya
oncan atlauhtli quiça,
inahuac Tepeyacac,
quauhpantitlan,
quipoloco.
Manel oc nohuian tlatemohque,
aoccan quittaque.
Çan yuh hualmocuepque,
amo çaniyo in ic omoxixiuhtlatito,
no ihuan ic oquimelelti,
oquinqualancacuiti.

Yuh quinonotzato in tlahohuani Obispo,
quitlahuellalilique inic ahmo quineltocaz,
quilhuique inic çan conmoztlacahuilia,

Y como vio el obispo
que él tenía ello por verdad,
porque en nada dudaba, vacilaba,
luego lo hizo irse.
Y cuando ya se va,
en seguida manda el obispo
a algunas de las gentes de su casa,
en las que bien confía,
que lo vayan a seguir,
que vean bien hacia dónde va,
y a quién mira,
con quién habla.

Así se hizo.
Y Juan Diego en seguida se fue derecho,
siguió la calzada.
Pero los que iban tras él,
allá donde se abre la barranca,
junto al Tepeyácac,
en el puente de tablas,
vinieron a perderlo.
Aunque por todas partes lo buscaron,
en ninguna parte lo vieron.
Así vinieron a regresarse,
no sólo porque con esto mucho se cansaron,
sino también porque él los disgustó,
les causó enojo.

Así fueron a decírselo al que gobierna, obispo.
Le fueron a exponer que no le creyera,
le dijeron que sólo contaba mentiras,

çan quipipiqui in tlein quihualmolhuilia,
anoce çan oquitemic,
çan oquicochitleuh,
in tlein quimolhuilia,
in tlein quimitlanililia.
Auh huel yuh quimolhuique,
intla occeppa hualaz,
mocuepaz,
oncan quitzitzquizque,
ihuan chicahuac quitlatzacuiltizque,
inic aocmo çeppa iztlacatiz,
tequamanaz.

In imoztlayoc, lunes,
in iquac quihuicazquia in Juan Diego
in itla inezca inic neltocoz,
aocmo ohualmocuep.
Ye ica in iquac in ahçito in ichan,
çe itla, catca itoca Juan Bernardino,
oitechmotlali in cocoliztli,
huel tlanauhtoc.
Oc quitiçinochilito,
oc ipan tlahto,
yeçe aocmo inman,
ye huel otlanauh.
Auh in ye yohuac,
quitlatlauhti in itla in oc yohuatzinco,
oc tlatlayohuatoc, hualquiçaz,
quimonochiliquiuh in oncan Tlatilulco
çeme in teopixque,
inic mohuicaz quimoyolcuitilitiuh,

sólo inventaba eso que venía a decirle,
o que sólo soñó,
sólo sacó del sueño,
eso que le decía,
eso que le pedía.
Y así dijeron que,
si una vez más venía,
regresaba,
luego lo atraparían
y con fuerza lo apresarían,
para que ya no otra vez mintiera,
inquietara a la gente.

El día siguiente, lunes,
cuando tenía que llevar Juan Diego
alguna señal para ser creído,
no vino a regresar.
Porque, cuando fue a acercarse a su casa,
a un tío suyo, de nombre Juan Bernardino,
se le puso la enfermedad,
ya estaba al cabo.
Aún fue a llamar al médico,
todavía se ocupó de él,
pero ya no era tiempo,
pues ya estaba al cabo.
Y cuando ya era de noche,
le rogó su tío que todavía de madrugada,
aún a oscuras, saliera,
fuera a llamar allá en Tlatelolco,
a alguno de los sacerdotes,
para que viniera a confesarlo

ihuan quimoçencahuilitiuh.
Ye ica ca huel yuhca in iyollo
ca ye inman,
ca ye oncan inic miquiz,
ca aoc mehuaz,
aocmo patiz.

Auh in martes,
huel oc tlatlayohuatoc,
in ompa hualquiz ichan in Juan Diego,
in quimonochiliz teopixqui
in ompa Tlatilulco.
Auh in ye açitihuitz inahuac tepetzintli,
Tepeyacac in icxitlan,
quiztica ohtli
tonatiuh icalaquiampa,
in oncan yeppa quiçani.
Quihto:
Intla çan nicmelahua ohtli,
manen nechhualmottiliti iz çihuapulli,
ca yeppa nechmotzicalhuiz
inic nic huiquiliz tlanezcayotl
in teopixcatlahtohuani,
in yuh onechmonahuatili.
Ma oc techcahua in tonetequipachol,
ma oc nicnonochilitihuetzi in teopixqui,
motolinia in notlatzin,
amo çan quimochialitoc.

Niman ic contlacolhui in tepetl,
itzallan ontlehcoc,

y a dejarlo preparado.
Porque eso ya estaba en su corazón,
que en verdad ya era tiempo,
que ya entonces moriría,
porque ya no se levantaría,
ya no sanaría.

Y el martes,
cuando todavía estaba muy oscuro,
entonces salió de su casa Juan Diego,
llamará al sacerdote
allá en Tlatelolco.
Y vino a acercarse al cerrito,
al pie del Tepeyácac,
donde sale el camino
hacia donde se pone sol,
por allá donde antes había salido.
Dijo:
Si sigo derecho el camino,
no sea que venga a verme la noble señora,
porque me detendrá como antes,
para que lleve la señal
al sacerdote que gobierna,
según me lo ordenó.
Que antes nos deje nuestra aflicción,
que así llame yo al sacerdote
al que el pobre de mi tío
nada más está aguardando.

Luego rodeó al cerro,
por en medio subió y de allí,

yenepa çentlapal,
tonatiuh yquiçayampa quiçato.
Inic içiuhca ahçitiuh Mexico,
inic ahmo quimotzicalhuiz
in ilhuicac çihuapilli.
In momatti ca in ompa in otlacolo,
ca ahuel quimottiliz
in huel nohuiampa motztilitica.

Quittac quenin hualmotemohui
icpac in tepetzintli.
Ompa hualmotztilitoc
in ompa yeppa conmottiliani.
Conmonamiquilico
in inacaztlan tepetl,
conmotzacuililico,
quimolhuili:
Auh noxocoyouh,
¿campa in tiyauh?
¿campa in titztiuh?

Auh in yehhuatl, ¿cuix achi ic mellelma?
¿Cuix noçe pinahuac?
¿Cuix noçe ic mizzahui, momauhti?
Ixpantzinco mopechtecac,*
quimotlàpalhui, quimolhuili:
Nochpochtzinè, noxocoyohuè,
çihuapillé, maximopaquiltitie,
¿quen otimixtonalti?

* Hasta aquí llega la parte que se conserva del texto en la Biblioteca Pública de Nueva York.

por una parte,
vino a pasar hacia donde sale el sol.
Así, de prisa, iba a acercarse a México,
así no lo detendría
la noble señora celeste.
Piensa él que allí donde dio vuelta,
no podrá verlo
la que bien a todas partes ve.

Contempló él cómo vino a descender ella
de la cumbre del cerrito.
Desde allí lo había estado mirando,
desde allí donde antes lo vio.
Vino a encontrarse con él
a un costado del cerro,
vino a atajarlo,
le dijo:
Hijo mío el más pequeño,
¿a dónde vas,
a dónde te encaminas?

Pero él, ¿acaso un poco se perturbó?
¿O acaso tuvo vergüenza?
¿O tal vez se asustó, se espantó?
Ante ella se postró,
la saludó, le dijo:
Muchachita mía, hija mía la más pequeña,
noble señora, que estés contenta,
¿cómo te amaneció?

¿Cuix ticmohuelmachitia in motlaçonacayotzin,
notecuiyoè, nopiltzintzinè?
Nictequipachoz in mixtzin, in moyollotzin.
Ma xicmomachiltitzino, nochpochtziné,
ca huellanauhtoc
çe momaçehualtzin, notla.
Huey cocoliztli in itech omotlali,
ca yeppa ic momiquiliz.
Auh oc nonìçiuhtiuh
in mochantzinco Mexìco,
noconnonochilic çemè in itlaçòhuan Totecuiyo
in toteopixcahuâ,
conmoyolcuitilitiuh
ihuâ conmoçencahuilitiuh,
ca nel ye inic otitlacatque,
in ticchiaco
in tomiquiztequiuh.
Auh intla onoconneltilito,
ca niman nican occeppa nihuelmocuepaz.
Inic nonyaz,
noconitquiz
in miiyotzin in motlatoltzin,
tlacatlè, nochpochtzinè.
Ma xinechmotlapopolhuili,
ma oc ixquich xinechmopaccaìiyohuilti
camo ic nimitznoquelhuia,
noxocoyohuâ, nopiltziné,
ca niman moztla niquiztihuetziquiuh.

Auh in oyuhquimocaquiti
itlàtol in Juan Diego

¿Sientes bien tu precioso cuerpecito,
señora mía, reverenciada hija mía?
Daré aflicción a tu rostro, a tu corazón.
Sabe, muchachita mía,
que está ya al cabo
un servidor tuyo, mi tío.
Grave enfermedad se le ha puesto,
porque en verdad por ella pronto morirá.
Y así pues, me iré con prisa
a tu reverenciada casa de México,
llamaré a uno de los amados del Señor Nuestro,
a uno de nuestros sacerdotes,
que vaya a confesarlo
y a dejarlo preparado,
porque en verdad para esto nacimos,
hemos venido a esperar
el trabajo de nuestra muerte.
Pero si voy a hacer esto,
luego otra vez volveré acá.
Así iré,
llevaré
tu reverenciado aliento, tu reverenciada palabra,
señora, muchachita mía.
Perdóname,
todavía tenme paciencia,
porque no me burlo de ti,
hija mía, la más pequeña,
hijita mía, mañana mismo vendré de prisa.

Así que oyó
la palabra de Juan Diego

quimonanquili in icnohuaca
çenquizca ichpochtzintli:
Ma xiccaqui,
ma huel yuh ye in moyollo,
noxocoyouh,
macatle tlein mitzmauhti,
mitztequipacho.
Macàmo quen mochihua
in mix, in moyollo,
macàmo xiquimacaci in cocoliztli,
manoçe oc itlà cocoliztli,
cococ, teòpouhqui.
¿Cuix àmo nican nicà
nimonantzin?
¿Cuix àmo niçehuallotitlan,
nècauhyotitlan in ticà?
¿Cuix àmo nèhuatl in nimopacayeliz?
¿Cuix àmo nocuixanco,
nomamalhuazco in ticà?
¿Cuix oc itlà in motech monequì?
Macamo oc itlà mitztequipacho,
mitzàmana,
macamo mitztequipacho
in icocoliz motlàtzin.
Càmo ic miquiz in axcan itechca.
Ma huel yuh ye in moyollo ca ye opàtic.

Auh ca niman huel ìquac pàtic in itlàtzin
in yuh çatepan machiztic.
Auh in Juan Diego in oyuhquicac
in iìyotzin in itlàtoltzin

le respondió la compasiva,
del todo doncella:
Escucha,
que así esté en tu corazón,
hijo mío, el más pequeño,
nada es lo que te hace temer,
lo que te aflige.
Que no se perturbe
tu rostro, tu corazón,
no temas esta enfermedad
ni otra cualquier enfermedad,
que aflige, que agobia.
¿Acaso no estoy aquí,
yo que soy tu madrecita?
¿Acaso no estás bajo mi sombra,
y en resguardo?
¿Acaso no soy la razón de tu alegría?
¿No estás en mi regazo,
en donde yo te protejo?
¿Acaso todavía te hace falta algo?
Que ya no te aflija cosa alguna,
que no te inquiete,
que no te acongoje
la enfermedad de tu tío.
En verdad no morirá ahora por ella.
Esté en tu corazón que él ya sanó.

Y luego entonces se curó su tío,
como así luego se supo.
Y Juan Diego, al escuchar
el reverenciado aliento, la reverenciada palabra

in ilhuicac çihuapilli,
huel çenca ic omoyollali,
huel ic pachiuh in iyollo.
Auh quimotlatlauhtili
inic ma ça yè quimotitlanili
inic quittatiuh in tlàtoani Obispo,
in quitquiliz itlà inezca, in ineltica,
inic quineltocaz.

Auh in ilhuicac çihuapilli
niman ic quimonahuatili,
inic ontlècoz in icpac tepetzintli,
in oncan canin yeppa conmottiliaya.
Quimolhuili:
xitlèco, noxocoyouh,
in icpac in tepetzintli,
auh in canin otinechittac,
ihuan onimitznànahuati;
oncan tiquittaz
onoc nepapan xochitl.
xictètequi, xicnechico,
xicçentlali,
niman xic-hualtemohui,
nican nixpan xic-hualhuica.

Auh in Juan Diego
niman ic quitlècahui in tepetzintli,
auh in oàcito icpac,
çenca quimahuiço
in ixquich onoc, xotlatoc,
cuepontoc

de la noble señora celeste,
mucho se tranquilizó en su corazón,
su corazón se calmó.
Y le rogó entonces
que lo enviara como mensajero,
para que viera al que gobierna, obispo,
y le llevará su señal, su testimonio,
para que él le crea.

Y la noble señora celeste
luego le ordenó
que subiera a la cumbre del cerrito,
allí donde él la había visto antes.
Le dijo:
Sube, tú el más pequeño de mis hijos,
a la cumbre del cerrito
y allí donde tú me viste
y donde te di mi mandato,
allí verás
extendidas flores variadas.
Córtalas, júntalas,
ponlas todas juntas,
baja en seguida,
tráelas aquí delante de mí.

Y luego Juan Diego
subió al cerrito
y cuando llegó a su cumbre,
mucho se maravilló
de cuántas flores allí se extendían,
tenían abiertas sus corolas,

in nepapan Caxtillan tlaçoxochitl,
in ayamo imochiuhyan.
Ca nel huel iquac
in motlàpaltilia iz çetl.
Huel çenca ahuiaxtoc,
iuhqui ih tlaçoepyollòtli,
inic yohualàhuachyòtoc.
Niman ic peuh in quitètequi,
huel moch quinechico,
quicuixanten.

Auh in oncan icpac tepetzintli,
ca niman àtle xochitl in imochiuhyan,
ca texcalla,
netzolla, huihuitztla,
nòpalla, mizquitla.
Auh intla xiuhtotontin mochichihuani,
in ìquac in ipan metztli diziembre,
ca moch quiquà,
quipòpolohua iz çetl.

Auh ca niman ic hualtemoc,
quihualmotquilili in ilhuicac çihuapilli,
in nepapan xochitl oquitequito.
Auh in oyuhquimottili,
imaticatzinco conmocuili.

Niman ye occepa
icuexanco quihualmotemili
quimolhuili:
Noxocoyouh,

variadas flores preciosas, como las de Castilla,
no siendo aún su tiempo de darse.
Porque era entonces
cuando arreciaba el hielo.
Las flores eran muy olorosas,
eran como perlas preciosas,
henchidas del rocío de la noche.
En seguida comenzó a cortarlas,
todas las vino a juntar
en el hueco de su tilma.

Pero allá en la cumbre del cerrito
no se daban ningunas flores,
porque es pedregoso,
hay abrojos, plantas con espinas,
nopaleras, abundancia de mezquites.
Y si algunas hierbas pequeñas allá se dan,
entonces en el mes de diciembre
todo lo come,
lo echa a perder el hielo.

Y luego vino a bajar,
vino a traerle a la noble señora celeste
las variadas flores que había ido a cortar.
Y cuando ella las vio,
con sus reverenciadas manos las cogió.

Luego las puso de nuevo
en el hueco de la tilma de Juan Diego,
y le dijo:
Hijo mío, el más pequeño,

inin nepapan xochitl yèhuatl in tlaneltiliz,
in nezcayotl in tic-huiquiliz in Obispo.
Nopampa tiquilhuiz,
ma ic quitta in notlanequiliz
ihuan ic quineltiliz in notlanequiliz,
in noçializ.
Auh in tèhuatl, in tinotitlan,
ca huel motech netlacaneconi.
Auh huel nimitztlaquauhnahuatia
çan huel içel ixpan Obispo
ticçohuaz in motilma,
ihuan ticnextiliz in tlein tic-huica.
Auh huel moch ticpohuiliz,
tiquilhuiz in quenin onimitznahuati
inic titlècoz in icpac tepetzintli,
in tictètequitiuh xochitl,
ihuan in ixquich otiquittac,
oticmahuiço.
Inic huel ticyollòyehuaz
in teopixcatlàtoani,
inic niman ipan tlàtoz
inic mochihuaz
moquetzaz in noteòcal
oniquitlanili.

IV

Auh in ocômonànahuatili
in ilhuicac çihuapilli,
quihualtocac in cuepòtli

estas variadas flores son la prueba,
la señal que llevarás al obispo.
De parte mía le dirás
que con esto vea lo que es mi voluntad
y que con esto cumpla mi querer,
lo que es mi deseo.
Y tú, tú eres mi mensajero,
en ti está la confianza.
Y bien yo mucho te ordeno
que únicamente a solas, ante el obispo,
extiendas tu tilma
y le muestres lo que llevas.
Y todo le referirás,
le dirás cómo te ordené
que subieras a la cumbre del cerrito,
fueras a cortar las flores
y todo lo que tú viste,
lo que tú admiraste.
Así tú convencerás en su corazón
al que es gobernante de los sacerdotes,
así luego él dispondrá
que se haga,
se levante mi casa divina,
la que le he pedido.

IV

Y cuando ya le dio su orden
la noble señora celeste,
vino él siguiendo en derechura

Mexìco huallamelahua,
ye pactihuitz,
ye yuh yetihuitz in iyollo,
ca yequiçaquiuh,
quiyequitquiz.
Huel quimocuitlahuitihuitz
in tlein icuixanco yetihuitz,
manen itlà quimacauh.
Quimotlamochtìtihuitz in iàhuiaca
in nepapan tlaçòxochitl.

In oàçico
itecpanchan Obispo
connamiquito in icalpixcauh
ihuan occequin itlanencahuan in tlàtocateopixqui.
Auh quintlatlauhti inic ma quimolhuilican
in quenin quimottiliznequi,
yeçe ayac çeme quinec.
Amo conmocaccanèque,
aço ye inic huel oc yohuatzinco,
auh ànoce inic ye quiximatì,
çan quintepachoa,
inic imixtlan pilcatinemì.
Ihuan ye oquinonotzque in imicnihuâ,
in quipolotò
in ìquac quitepotztocaque.

Huel huècauhtica
in otlàtolchixticatca.
Auh in oquittaque ye huel huècauhtica
in oncan ìcac,

la calzada de México,
ya está contento,
ya está calmado su corazón,
porque va a salir bien,
bien llevará las flores.
Va cuidando mucho
lo que viene en el hueco de su tilma,
no sea que algo se le caiga.
Lo alegra el aroma
de las variadas flores preciosas.

Cuando llegó
al palacio del obispo,
lo fueron a encontrar el que cuida su casa
y los otros servidores del sacerdote que gobierna.
Él les pidió que le dijeran
que quería él verlo,
pero ninguno de ellos quiso.
No querían escucharlo
o quizás era aún de madrugada.
O tal vez ya lo reconocían,
sólo los molestaba,
como que se les colgaba.
Y ya les habían hablado sus compañeros,
los que fueron a perderlo de vista
cuando habían ido a seguirlo.

Por largo tiempo
estuvo él esperando la palabra.
Y vieron ellos que mucho tiempo
allí estuvo de pie,

motololtitìcac,
tlatenmatìcac
in àço notzaloz.
Ihuan in iuhquinmà itlà quihualitqui,
quicuixanotícac;
niman ye ic itech onacique,
inic quittilizque tlein quihuicatz,
inic inyollo pachihuiz.

Auh in oquittac in Juan Diego
ca niman àhuel quintlatiliz
in tlein quihuicatz,
ca ic quitolinizque,
quitotopehuazque,
noçe ic quimictizque,
tepiton quihualnexti ca xochitl.
Auh in yuh quittaque ca moch
Caxtillan nepapan xochitl,
ihuan in càmo imochiuhyan in ìquac,
huel çenca quimahuiçoque,
ihuan in quenin huel çenca çeltic,
inic cueponqui,
inic àhuiyac, inic mahuiztic.

Auh quelèhuique
inic quezquitetl conanazque,
quiquixtilizque.
Auh huel expa mochiuhqui
inic motlàpalòque concuizquia,
niman àhuel mochiuhqui.
Yèica in ìquac quiitzquizquia,

estuvo con la cabeza baja,
estuvo sin hacer nada,
por si tal vez fuera llamado.
Y como que venía trayendo algo
que estaba en el hueco de su tilma,
luego ya se le acercaron,
para ver qué es lo que traía
y satisfacer así su corazón.

Y vio Juan Diego
que no podía ocultarles
eso que llevaba,
y que por ello lo afligirían,
le darían de empellones,
o tal vez lo golpearían,
un poco les mostró que eran flores.
Y al ver que todas
eran variadas flores como las de Castilla,
y como no era tiempo de que se dieran,
mucho se admiraron
de que estaban muy frescas,
con sus corolas abiertas,
así olorosas, preciosas.

Y tuvieron deseo
de coger algunas pocas,
sacarlas.
Y tres veces fue
que se atrevieron a tomarlas,
aunque nada realmente sucedió.
Porque cuando trataban de hacerlo,

aocmo huel xochitl in quittaya,
çan yuhquimà tlàcuilolli, noçe tlàmachtli,
noçe tlàtzontli,
in itech quittaya tilmàtli.

Niman ic quimolhuilito
in tlàtoani Obispo
in tlein oquittaque
ihuan in quenin quimottiliznequi
in maçehualtzintli ye izquipa huallauh
ihuan in ye huel huècauh
in ye ic aço onca tlatlàtolchixtoc
inic quimottiliznequi.

Auh in tlàtoani Obispo
in oyuhquimocaquiti,
niman ipan ya in iyollotzin
ca yèhuatl in ineltica
inic iyollotzin màçiz,
inic quimoneltililiz
in tlein ic nemì tlacatzintli.

Niman motlanahuatili
inic niman calaquiz, quimottiliz.
Auh in ocalac ixpantzinco mopechtecac,
in yuh yeppa quichihuani.
Auh ocçeppa quimotlapohuililì
in ixquich oquittac
in oquimahuiço ihuan in inetitlaniz.

ya no veían las flores,
sólo como una pintura o un bordado,
o algo que estuviera cosido,
así lo veían en la tilma.

En seguida fueron a decirle
al que gobierna, obispo,
lo que habían contemplado,
y cómo quería verlo
el hombrecillo que otras veces había venido,
y que ya llevaba largo rato
en espera de la palabra
pues quería verlo.

Y el que gobierna, obispo,
así como escuchó esto,
tuvo ya en su corazón
que ésa era su señal,
con la que quería acercarse a su corazón,
para que él llevara a cabo
el encargo en que andaba el hombrecillo.

Luego ordenó
que entrara, lo verá.
Y entró, se inclinó ante él,
como antes lo había hecho.
Y una vez más le refirió
todo lo que había visto,
lo que había admirado y su mensaje.

Quimolhuili:
Notecuiyoè, tlahtoaniè,
ca ye onicchiuh,
ca ye onicneltili in yuh otinechmonahuatili.
Ca huel yuh onicnolhuilito in tlacatl in notecuiyo,
in ilhuicac çihuapilli Santa María,
in teotl Dios itlaçònantzin,
in ticmìtlania in tlanezcayotl
inic huel tinechmoneltoquitiz,
inic ticmochihuililiz in iteòcaltzin,
in oncan mitzmìtlanililia
ticmoquechiliz.
Auh ca huel yuh onicnolhuili
in onimitznomaquili in notlàtol,
inic nimitzhualnohuiquiliz in itlà inezca,
in ineltica in itlanequiliztzin,
inic nomac oticmocahuili.
Auh ca oquihuelmocaquiti
in mìyotzin, in motlàtoltzin,
auh oquimopaccaçelili in ticmitlania,
in itlà inezca,
ineltica, inic mochihuaz
moneltiliz in itlanequiliztzin.

Auh yè in in axcan, oc yohuatzinco,
onechmonahuatili inic occeppa
nimitznottiliquiuh.
Auh onicnitlanilili in itlà inezca
inic nineltocoz,
in yuh onechmolhuili nechmomaquiliz,
auh ca çan niman oquimoneltilili.

Le dijo:
Señor mío, tú que gobiernas,
en verdad ya hice,
ya cumplí según tú me ordenaste.
Así fui a decirle a la señora, mi señora,
la noble señora celeste, Santa María,
su preciosa madrecita de Dios,
que tú pedías una señal
para creerme,
así le harías su casa divina
allá donde ella te pedía
que la construyeras.
Y le dije
que yo te había dado mi palabra
de que te traería alguna señal,
un testimonio de su reverenciada voluntad,
según en mi mano tú lo dejaste.
Y ella escuchó bien
tu reverenciado aliento, tu reverenciada palabra,
y recibió con alegría lo que tú pedías,
la señal suya,
el testimonio para que se haga,
se cumpla su voluntad.

Y hoy, todavía de nochecita,
me ordenó que, una vez más,
viniera a verte.
Y yo le pedí su señal
para ser creído,
como me dijo que me la daría,
y en seguida lo cumplió.

Auh onechmihuali in icpac tepetzintli,
in canin yeppa noconnottiliani,
inic ompa nictètequitiuh
in nepapan Caxtillan xochitl.
Auh in onictequitò,
onic-hualnohuiquilili in oncan tlatzintlan.
Auh ca imaticatzinco conmocuili,
occeppa nocuixanco oconhualmotemili,
inic nimitzhualnotquililiz,
in huel tèhuatzin nimitznomaquiliz.

Maçihui in ca huel nicmattia
càmo imochiuhyan xochitl
in icpac tepetzintli,
ca çan tètexcalla,
netzolla, huitztlà,
tenòpalla, mizquitlà,
àmo ic oninotzotzon,
àmo ic nomeyolloac.
In nàçito in icpac tepetzintli,
in nitlachix ca ye Xochitlalpan,
oncan çenquiztoc in ixquich nepapan tlaçoxochitl,
Caxtillancayotl,
àhuach tonameyotoc,
inic niman onictètequito.
Auh onechmolhuili
inic ipampa nimitznomaquiliz
auh ca ye yuh nicneltilia,
inic oncan ticmottiliz
in itlà nezcayotl in ticmitlanilia.
Inic ticmoneltililiz

Y me envió a la cumbre del cerrito,
en donde antes yo la vi,
para que allí cortara
flores como las de Castilla.
Y yo las fui a cortar,
las llevé luego abajo.
Y ella con sus reverenciadas manos las cogió.
Luego las puso en el hueco de mi tilma,
para que a ti te las trajera,
te las viniera a entregar.

Aunque yo sabía
que no es lugar donde se dan las flores
la cumbre del cerrito,
porque sólo es pedregoso,
hay abrojos, plantas espinosas,
nopales silvestres, mezquites,
no por esto dudé,
no por esto titubeé.
Fui a acercarme a la cumbre del cerrito,
vi que era la Tierra florida,
allí habían brotado variadas flores,
como las rosas de Castilla,
resplandecientes de rocío,
así luego las fui a cortar.
Y me dijo ella
que de parte suya te las diera,
y así yo cumpliría
para que tú vieras
la señal que pides.
De este modo cumplirás

in itlanequiliztzin,
ihuan inic neçi ca neltiliztli
notlàtol, in nonetitlaniz.
Ca izca, ma xicmocelili.

Auh ca niman ic quihualçouh in iztac itilmà
in oquicuixanotìcaca xochitl.
Auh in yuh hualtepeuh
in ixquich nepapan Caxtillan xochitl,
niman oncan momachioti,
neztiquiz in itlaçoixiptlatzin
iz çenquizca ichpochtli Santa María,
Teotl Dios Inantzin,
in yuhcatzintli axcan moyetztica,
in oncan axcan mopixtzinotica
in itlazochantzinco,
in iteòcaltzinco,
Tepeyacac, motocayotia Guadalupe.

Auh in yuhquimottili in tlàtoani, Obispo,
ihuan in ixquichtin oncan catca,
motlancuaquetzque, çenca quimahuiçoque.
Quimotztimoquetzque,
tlaocoxquè, moyoltoneuhquè,
yuhquin àco ya in inyollo, in intlalnamiquiliz.

Auh in tlàtoani, Obispo,
choquiztica, tlaocoyaliztica,
quimotlatlauhtili,
quimitlanilili in itlapopolhuililoca
inic àmo niman oquineltili

lo que es su reverenciada voluntad
y así aparezca es verdad
mi palabra, mi mensaje.
Aquí están, recíbelas.

Y extendió luego su blanca tilma
en cuyo hueco estaban las flores.
Y al caer al suelo
las variadas flores como las de Castilla,
allí en su tilma quedó la señal,
apareció la preciosa imagen
de la en todo doncella Santa María,
su madrecita de Dios,
tal como hoy se halla,
allí ahora se guarda,
en su preciosa casita,
en su templecito,
en Tepeyácac, donde se dice Guadalupe.

Y cuando la contempló el que gobierna, obispo,
y también todos los que allí estaban,
se arrodillaron, mucho la admiraron.
Se levantaron para verla,
se conmovieron, se afligió su corazón,
como que se elevó su corazón, su pensamiento.

Y el que gobierna, obispo,
con lágrimas, con pesar,
le suplicó,
le pidió lo perdonara
por no haber cumplido luego

in itlanequiliztzin,
in iìyotzin, in itlàtoltzin.
Auh in omoquetz,
quihualton in iquechtlan, ic ilpiticatca,
in itlaquen, in itilmà Juan Diego,
in itech omonexiti,
in oncan omomachiotìtzino
in ilhuicac çihuapilli.
Auh niman ic quimohuiquili,
ompa quimotlalilito in ineteochihuayan.

Auh oc onca oçemilhuiti
in Juan Diego,
in ichantzinco Obispo,
oc quimotzicalhui.
Auh in imoztlayoc quilhuì:
Çaque, inic ticteìttitiz
in canin itlanequiliztzin
ilhuicac çihuapilli
quimoquechililizque in iteòcaltzin.

Niman ic tetlalhuiloc
inic mochihuaz, moquetzaz.
Auh in Juan Diego in oyuhquitteititi
in canin quimonahuatilì
in ilhuicac çihuapilli
moquetzaz iteòcaltzin,
nimac ic tenahuati
in oc onàciznequi in ichan
inic conittatiuh in itlàtzin Juan Bernardino
in huellanauhtoc, in ìquac quihualcauhtehuac,

su reverenciada voluntad,
su reverenciado aliento, su reverenciada palabra.
Y el obispo se levantó,
desató del cuello, de donde estaba colgada,
la vestidura, la tilma de Juan Diego,
en la que se mostró,
en donde se volvió reverenciada señal
la noble señora celeste.
Y luego la llevó allá,
fue a colocarla en su oratorio.

Y allí todavía un día entero
estuvo Juan Diego,
en la casa del obispo,
quien hizo se quedara allí.
Y al día siguiente, le dijo:
Anda, para que tú muestres
dónde es la reverenciada voluntad
de la noble señora celeste
que se le levante su templo.

En seguida se dio orden
de hacerla, levantarla.
Pero Juan Diego cuando ya mostró
dónde había ordenado
la noble señora celeste
que se le levantara su templo,
luego manifestó
que quería acercarse a su casa,
ir a ver a su tío Bernardino,
que se hallaba muy mal cuando lo dejó,

çeme quinotzazquia teopixque,
in oncan Tlatilulco,
inic quiyolcuitizquia,
quiçencahuazquia,
in quimolhuili ilhuicac çihuapilli
in ye opàtic.

Auh àmo çan içel quicauhque yaz,
ca quihuicaque in ompa in ichan.
Auh in oyuh àçito,
quittaque in itlàtzin
ye huel pactica,
niman àtle quicocoa.
Auh in yèhuatl çenca quimahuiço
in quenin imach hualhuico,
ihuan çenca mahuiztililo.
Quitlàtlani in imach
tleica in yuhqui chihualo,
in çenca mahuiztililo.

Auh in yèhuatl quilhui
in quenin ìquac ompa hualehuac
in quinochilizquia teopixqui,
in quiyolcuitiz, quiçencahuaz,
in oncan Tepeyacac
quimottilitzino in ilhuicac çihuapilli
auh quimotitlani in ompa Mexìco,
in quittatiuh in tlàtoani Obispo
inic oncan quimocaltiliz in Tepeyacac.
Auh quimolhuili in macamo motequipachò

y había ido a llamar a uno de los sacerdotes,
allá a Tlatelolco,
para que lo confesara,
lo fuera a disponer,
de quien la noble señora celeste
le había dicho que ya estaba curado.

Y no sólo lo dejaron que fuera,
sino que lo acompañaron allá a su casa.
Y cuando ya llegaron,
vieron a su reverenciado tío
que estaba muy bien,
nada le afligía.
Y él mucho se maravilló
de que su sobrino viniera acompañado
con muchos honores.
Preguntó a su sobrino
por qué ocurría
que tanto lo honraban.

Y él le dijo
que cuando fue allá
a llamar a un sacerdote,
que lo confesara, lo dejara dispuesto,
allá en el Tepeyácac
se le apareció la noble señora celeste
y lo envió a México,
a que fuera a ver al gobernante obispo
para que le edificara su casa en el Tepeyácac.
Y que ella le dijo que no se afligiera

in ca ye pactica
in ic çenca moyollali.

Quilhui in itlàtzin ca ye nelli
ca niman ìquac in quimopatili,
ihuan huel quimottili
iz çan no huel ye iuhcatzintli
in yuh quimottitìtzinoaya in imach.
Ihuan quimolhuilì
in quenin yèhuatl oc oquimotitlanili Mexìco
in quittaz Obispo.
Auh ma no in ìquac quittatiuh,
ma huel moch ic quixpantiz,
quinonotzaz in tlein oquittac,
ihuan in quenin tlamahuiçoltica oquimopàtili,
auh ma huel yuh quimotocayotiliz,
ma huel yuh motocayoctitzinoz
iz çenquizca ichpochtzintli
Santa María de Guadalupe
in itlaçoixiptlatzin.

Auh niman ic quihualhuicaque in Juàn Bernardino
in ixpan tlàtohuani Obispo
in quinonotzaco,
in ixpan tlaneltilico.
Auh inehuan in imach Juan Diego,
quincalloti in ichan Obispo
achi quezquilhuitl,
inoc ixquich ica moquetzinò iteòcaltzin
tlahtocaçihuapilli in oncan Tepeyacac,
in canin quimottitili in Juan Diego.

porque ya estaba él curado,
y con esto mucho se tranquilizó su corazón.

Su tío le dijo que era verdad,
que entonces ella lo curó
y que la contempló
de la misma forma
como se había aparecido a su sobrino.
Y le dijo
cómo también a él lo envió a México
para que viera al obispo.
Y también que, cuando fuera a verlo,
todo se lo manifestara,
le dijera lo que había contemplado
y el modo maravilloso como lo había curado
y que así la llamara,
así se nombrara,
la del todo doncella
Santa María de Guadalupe,
su preciosa imagen.

Y en seguida llevaron a Juan Bernardino
delante del que gobierna obispo
para que viniera a hablarle,
delante de él diera testimonio.
Y con su sobrino Juan Diego,
los aposentó en su casa el obispo
unos pocos días,
mientras se levantó la reverenciada casa
de la noble señora allá en Tepeyácac,
donde se le mostró a Juan Diego.

Auh in tlàtohuani Obispo
quìquani ompa in iglesia mayor
in itlaçoixiptlatzin
in ilhuicac tlaçoçihuapilli,
quihualmoquixtili in ompa itecpanchan,
in ineteochihuayon moyetzticatca,
inic mochi tlacatl quittaz,
quimahuiçoz in itlaçoixiptlatzin.

Auh huel çenmochi,
iz çemaltepetl olin,
in quihualmottiliaya,
in quimahuiçoaya
in itlaçoixiptlatzin.
Huallateomatia,
quimotlatlauhtiliaya.
Çenca quimohuiçoaya
in quenin teotlamahuiçoltica
inic omonexiti,
inic niman mà aca tlalticpac tlacatl
oquimìcuilhui in itlaçoixiptlayotzin.

Y cuando el que gobierna obispo
tuvo ya algún tiempo, allá en la iglesia mayor,
a la preciosa reverenciada imagen
de la noble señora celeste,
vino a sacarla de su palacio,
de su oratorio donde estaba,
para que toda la gente viera,
se maravillara de su preciosa imagen.

Y todos a una,
toda la ciudad se conmovió,
cuando fue a contemplar,
fue a maravillarse,
de su preciosa imagen.
Venían a conocerla como algo divino,
le hacían súplicas.
Mucho se admiraban
cómo por maravilla divina
se había aparecido
ya que ningún hombre de la tierra
pintó su preciosa imagen.

Apéndice I
RECUERDO DE UN ANTIGUO CANTAR: "CUICAPEUHCAYOTL"

Cuicapeuhcayotl

Ninoyolnonotza,
¿campa niccuiz yectli auiacaxochitl?
¿Ac nictlahtlaniz?
¿Manoço yehuatl nictlatlani in quetzalhuitzitziltzin,
in chalchiuhhuitzitzicatzin?
¿Manoço ye nictlatlani in çacuanpapalotl?
Ca yehuantin in machiço,
mati campa cueponi in yectli,
ahuiac xochitl.

Tla nitlahuihuiltequi in nican
acxoyatzinitzcancuauhtla
manoce nitlahuihuiltequi
in tlauhquecholxochicuauhtla.
Oncan huihuitolihui ahuachtonameyotoc,
in oncan mocehcemelquixtia.
¿Aço oncan niquimittaz?
Intla onechittitique,
nocuexanco nictemaz,
ic niquintlapaloz in tepilhuan,
ic niquimelelquixtiz in teteuctin.
Tlacaço, nican nemi,

Principio de los cantos

Hablo con mi corazón,
¿dónde tomaré bellas, fragantes flores?
¿A quién le preguntaré?
¿Tal vez debo preguntar al colibrí precioso,
al colibrí color de jade?
¿Acaso a la mariposa color de ave zacuán?
Porque de ellos es el saber,
conocen dónde brotan las bellas,
las fragantes flores.

Atraviese yo el bosque de abetos
aquí donde están los pájaros tzinitzcan,
o tal vez atraviese el bosque florido
donde habita el rojo quechol.
Allí se inclinan resplandecientes de rocío,
allí ellas se alegran.
¿Acaso allí veré las flores?
Si me las muestran,
llenaré con ellas el hueco de mi manto
y así saludaré a los príncipes;
con ellas daré placer a los señores.
En verdad aquí viven,

ye niccaqui in inxochicuicatzin,
iuhquin tepetl quinnahnanquilia.
Tlacahço itlan in meya quetzalatl,
xiuhtotoameyalli.
Oncan mocuicamomotla,
mocuicananquilia
in centzontlatoltoçoh;
quinnananquilia in coyoltototl.
Ayacachicahuacatimani
in nepapan tlaçocuicani totome,
oncan quiyectenehua in Tlalticpaque,
huel tetozcatemique.

Nic-ihtoa ya, nitlaocoltzatzi a,
ma namechelleltih, ytlaçohuane.
Niman cactimotlalique.
Niman huallato in quetzalhuitzitziltzin.
¿Aquin tictemohua, cuicanitzine?
Niman niquinnanquilia,
niquimilhuia:
¿Campa catqui in yectli
ahuiac xochitl,
ic niquimelelquixtiz
in amohuampohtzitzinhuan?
Niman onechicahcahuatzque,
ca nican tla timitzittititi, ticuicani,
aço nelli ic tiquimelelquixtiz
in toquichpohuan, in teteuctin.

Tepeitic,
Tonacatlalpan,

ya escucho su canto florido.
Es como si el cerro les respondiera.
En verdad junto a ellas mana el agua preciosa,
la fuente del xiuhtototl.
Allí lanza sus cantos,
a sí mismo se responde con cantos
el centzontle, ave de cuatrocientas voces;
le contesta el coyoltototl.
Hay música de sonajas,
variados, preciosos pájaros cantores
allí alaban al Dueño de la Tierra,
bien resuenan sus voces.

Digo, clamo con tristeza,
que yo no os estorbe, amados de él.
En seguida guardaron silencio.
Vino luego a hablar el colibrí precioso:
¿A quién buscas, cantor?
Al punto les respondo,
les digo:
¿Dónde están las bellas,
las fragantes flores
con las que habré de alegrar
a los que son semejantes a vosotros?
Luego me gorjearon intensamente:
Aquí hemos de mostrártelas a ti, cantor,
acaso en verdad así darás alegría
a quienes son como nosotros, los señores.

Al interior de las montañas,
a la Tierra de nuestro sustento,

Xochitlalpan, nechcalaquique.
Oncan on ahuachtotonameyotimani.
Oncan niquitta,
ca ya in nepapan tlaçoahuiac xochitl,
tlaçohuelic xochitl, ahahuachquequentoc,
ayauhcozamalotonameyotimani.
Oncan nechilhuia:
Xixochitetequi
in catlehuatl toconnequiz,
ma melelquiza, in ticuicani,
tiquinmacataciz
in tocnihuan, in teteuctin,
in quelelquixtizque in Tlalticpaque.

Auh nicnocuecuexantia in nepapan
ahuiac xochitl, in huel teyolquima,
in huel tetlamachti,
nicyhtoa ya:
Manoço aca tohuan tihualcalaquini,
ma cenca miec in ticmamani.
Auh ca tel ye onimatico,
nitlanonotztahciz imixpan in tocnihuan.
Nican mochipa tiqualtetequizque
in tlaçonepapan, ahuiac xochitl,
yhuan ticuiquihui
in nepapan yectli yan cuicatl.
Ic tiquemellelquixtizque in tocnihuan,
in tlalticpac tlaca,
in tepilhuan, cuauhtli ya, ocelotl.

a la Tierra florida, me introdujeron;
allí donde el rocío resplandece con rayos del sol.
Allí vi
las variadas, preciosas, perfumadas flores,
las amadas y aromáticas flores vestidas de rocío,
con los resplandores del arco iris.
Allí, me dicen:
Corta, corta flores,
las que prefieras,
alégrate, tú, cantor,
llegarás a entregárselas
a nuestros amigos, los señores,
a los que darán contento al Dueño de la Tierra.

Y yo pongo en el hueco de mi manto las variadas,
fragantes flores, las gustosas,
las que dan contento,
digo:
Ah, que alguno de nosotros viniera a entrar,
muchísimas llevaríamos.
Pero, ya que he venido a saber,
iré a decirles a nuestros amigos.
Aquí siempre vendremos a cortar
las preciosas, variadas, fragantes flores
y a tomar
los variados cantos.
Con ellos daremos placer a nuestros amigos,
los señores en la tierra,
los príncipes, águilas, tigres.

Ca moch niccuito ya in nicuicani,
ic niquimicpacxochiti in tepilhuan,
inic niquimahpan in çan,
inmac niquinten.
Niman niquehua ya yectli ya cuicatl,
ic netimalolo in tepilhuan,
ixpan in Tloque in Nahuaque,
¿Auh in ahtley ymahcehuallo,
can quiccuiz,
can quittaz in huelic xochitl?
¿Auh cuix nohuan aciz aya in Xochitlalpan,
in Tonacatlalpan,
in ahtle y ymahcehuallo,
innentlamati,
intlaytlacohua in tlalticpac?
Ca çan quitemahcehualtia
in Tloque in Nahuaque,
in tlalticpac ye nican.
Ic choca noyollo,
noconilnamiqui a in ompa,
onitlachiato y Xochitlalpan, a nicuicani.

Auh niquihtoa ya,
tlacaço amo cualcan in tlalticpac ye nican;
tlacaço oc cecni in huilohuayan,
in oncan ca in netlamachtilli.
¿Tle çan nen in tlalticpac?
Tlacahço oc cecni yolilihximoayan.
Ma ompa niauh,
ma ompa inhuan noncuicati
in nepapan tlaçototome,

Pues todo lo fui a recoger, yo cantor,
así pongo flores en la cabeza de los príncipes,
así los atavío,
sólo con ellas lleno sus manos.
Luego elevo un bello canto,
con el que son exaltados los señores,
delante del Dueño del cerca y del junto.
¿Pero aquel cuyo merecimiento es nada,
dónde ha de tomar,
dónde ha de ver las fragantes flores?
¿Acaso conmigo se acercará a la Tierra florida,
a la Tierra de nuestro sustento,
aquel cuyo merecimiento es nada,
el que sufre,
el que echa a perder las cosas en la tierra?
En verdad sólo el Dueño del cerca y del junto
hace que alguien merezca
las flores aquí en la tierra.
Por eso llora mi corazón,
recuerdo que he ido allá
a contemplar la Tierra florida, yo, cantor.

Y digo,
en verdad no es lugar bueno aquí, en la tierra;
en verdad otro es el lugar a donde hay que ir,
allá hay alegría.
¿Qué sólo es en vano en la tierra?
En verdad es otro lugar donde se descarna la vida.
Vaya yo allá,
vaya yo a cantar,
al lado de las variadas y preciosas aves,

ma ompa nicnotlamachti yectli ya xochitl,
ahuiacaxochitl, in teyolquima,
in çan tepacca,
teahuiacayhuintia,
in çan tepacca auiaca yhuintia.

disfrute allá de las bellas,
fragantes flores, las gustosas,
sólo las que alegran a la gente,
las que embriagan con gozo,
sólo las que embriagan y alegran con su fragancia.

Cantares mexicanos, folio 1r.-v.

Apéndice II
REPRODUCCIÓN DEL MANUSCRITO CONSERVADO EN LA BIBLIOTECA PÚBLICA DE NUEVA YORK

9 N° 12

Nican mopohua motecpana [illegible]

yancuican huey tlamahuiçoltica monexiti

in cenquizca ichpochtli Santa Maria Dios

ynantzin tocihuapillatocatzin in oncan

tepeyacac mo[illegible]huia Guadalupe

Acachtopa quittitzino ce maçehual-

tzintli itoca Juan Diego auh çatepan man-

xititzino ytlaçoyxiptlatzin ynixpan yancuic

obizpo don fray Juan de çumarraga ynin[illegible]

nixquich tlamahuiçolli ye [illegible] mochihuili

Ye iuh mahtlacxihuitl in [illegible] ocalac in atl

in tepetl mexico [illegible] in [illegible]

chimalli in ye no [illegible]

in aiamo [illegible]

ca oncan peuh yexotla ye [illegible]

quiltzintli [illegible] machotca [illegible]

[illegible] in huel ih [illegible]

[illegible] y ye in [illegible]

[illegible] in [illegible]

[illegible] ce [illegible]

[illegible] senor [illegible]

[illegible] pachane tatca in [illegible]

[illegible] acmochi om

yohuia in tlatilolco, Auh sabado catca —
huel oc yohuatzinco, quihualtepotztocaya
in teoyotl, yhuan in inecuitlaniz: Auh ina
çico in inahuac tepetzintli in itocayohcan
tepeyacac, ye tlatlalchipahua. concac
inic pac tepetzintli cuicoa yuhquinac pa
pan tlaçototome cuica, cacahuani inin
tozqui, iuhquin quinanan quiliatepetl
huel çenca teyolquima. tetehuellamachti
in in cuic, quiçenpanahuia in coyoltototl,
in tzinytzcan [illegible] ihuan yn. oc çequin tlaçō
tototome in cuica: quin [illegible] timoquetz in Juan
Dieco quimolhui cuix nolhuil, cuix nomahçe
hual in ye nic caqui: [illegible] ço çan nictemiqui [illegible]
ço çan nicochitlehua: canin ye nicah, canin
[illegible] cuix ye oncan in in quitoh tehuac
quehuehuetque, in tachtohuan, to cocolhuan in to
chitlalpan in tonacatlalpan: cuix ye on
can in ilhuicatlalpan: ompa onytztica
[illegible] inic pac tepetzintli [illegible]
pantlaompa hual ca quiz [illegible] ilhuicac [illegible]
[illegible] Auh inaiuh çeuh inquiz in cuicatl. i-
[illegible]

hual notzaloi nic pac zepetzintli, quilhui a Juan
tzin Juan Diegotzin: niman tzacquee motlahpaloa
inic ompa yoquin canin notzaloinic pac tepetzin
tli. Auh quen mochihua y ni yollo, ma noceitlaitmih
ca hua, ye ce huel paqui mohollai, mach tlai
[illegible] tlehcahui a in tepetzintli. ompa yhtaa in can
pa hual notzaloc, Auh in ye ahcitiuh inic pac tete
petzintli, in ye oquimottili ce cihuapilli onca
moquetztimoh tiacac, qui hualnochilli inic on yaz
inin nahuactzinco. Auh in oyuh ahcito inis pantzin.
cenca quicemmahuizo ma huel ca [illegible] inqueni huel
huel [illegible] pa nahui a inic: cen [illegible] quincamai
[illegible] inic tla quen tzin iuh quin to nahuh
ic motonameyotl a inic pepetlaca, [illegible]
[illegible]
[illegible]
[illegible]
[illegible]
[illegible]
on can mochi [illegible]
qui in [illegible] inic [illegible] tlapitztli [illegible]
quauhyo, in huitzyo. inic ah hua yoyan [illegible]

in Dioz tlateoa. cuitlaxilicpe petlaçalixpantzinco
mo [illegible] tecac, [illegible] tiyhu yahtzin, in itlah=
çol tzin in huehçen catte hueltla machti in huelteo
piltzin. yuh quitom qui moçoçoçonahuiltitzino [illegible] qui mo
tlahtlatlacaltilitzino [illegible] qui molhuili. tlaxic ca qui noxo
coyaiutzintzin caompa in ti mohuicaz [illegible] in yeh
huatl quimonanquilili Noteuiyoe, çihuapille [illegible]
noch pachtzin ne ca ompa noreah çiz machantzin
co mexico tlatilolco. nocon [illegible] te poltotca in [illegible] te
oyotl in tech momaquilia. in tech momachtilia.
in ixiptla [illegible] huan. in tlacatl in totecuiyo, Dioz in
teoteopixcahuan. niman ye ic quimonanochilia,
[illegible] mixpantzinco in itlaçohtlanequiliztzin.
qui molhuilia, maxicmati, mahuel yuh [illegible] ni [illegible]
lo noxocoyouh ca nehhuatl in niçenquix, ca çe
ni çac ich puchtli [illegible]
ni huel [illegible] teotl Dioz [illegible]
[illegible] yo coyan [illegible] milhui ca
[illegible]
[illegible]
[illegible]
[illegible]

noie [illegible] icnoyttaliz, in no [illegible] tepatehuiliz, in no
temanahuiliz. Ca nel Nehuatl in na moicno
huah Ca nantzin in tehhuatl ihuan in ixquichti
inic nican tlalpan an Çepan tlaCa, ihuan in nic
Çequin nepapan tlaCa, notetlaçotlacahuan
in notech motzatzilia, in nech temohua in no
tech motemachilia, Ca onCan niquin [illegible]
Caquiliz inin choquiz, inintlaocol inic nic yecti
liz, nic pahtiz in ixquich nepapan in netoliniliz,
in [illegible]liz, in chichinaquiliz. Auh inic huel neltiz,
in nic nemilia in in noteh icnoyttaliz maxiauh
in ompa in itecpanchan in [illegible] mexicoliz.
Auh tiquilhuiz in quenin Nehuatl ni mitz [illegible]
titlani i[illegible] inic [illegible] ticyxpantiz in quenin
huel Çen Ca nic elehuia inic manican nech
caltih nechquechili in ipan in tlalmantli.

tlotl toh [illegible] huel mochiltic poliz inixquich in
otitic quittac otiemahuiço ihuan in otic
in otic Caqui Auh ma yuh ye in m[illegible]yollo

noteoh cal; huel [illegible] mochi tic pohuiliz
i nix quich in no tic quittac; o tic mahuiço
i huan in tle in otic cac; Auh ma yuh ye in
moyollo ca huel nic tlaçohcamatiz, Auh—
[illegible]zic quixtlahuas, ca ic ni mitz cuil to noz.
ni mitz tlamachtiz; y huan mic con can tic
mat çehuaz ic. nic cuep ça yo tiz in moçiahuiliz
in mo te qui pa noliz in nictic nemiliztiuh in ica in
ni mitz tlatla ni o cayetic cac noxo co yo uh in ni
[illegible]yo in notlahtol ma [illegible] mo hui ca tiuh ma ix
[illegible] mo tlapal tic mochi huili auh ni mar ic
pan tin co mo pech te cac qui mol huili no
[illegible] oce cihua pille [illegible] ca ye ni yauh in nic
nel tiliz in mi iyotzin in motlahtoltzin ma oc ni mitz
notlal ca huili in ni moc no ma çe huel ni man
içhual te moc in nic qui nel tili tiuh in ni nete
tlaniz con nanic qui co in cue poh tli huallo
me [illegible] tolli [illegible] mexico [illegible]
al tepetl ni man ic tla mo me [illegible] in ni tecpan
tlan [illegible] in co in [illegible] o tiz po in huel yan ca ic can
[illegible] tlan o hui cac teo pix ca tlahtho huani

ino cohuinicatl Coco on fray Juan de Sumarra
ga San Fran^co teopixqui auh in noaçito
nimanic moyc ye cohua [illegible] quimotzilis quinitla
tlatlauhtia ynitetlayecoltihicahuan inittla
xencahuan inic connihtotihui ye achi huec
cauhtica in connotzaco in ycomotlanahua
tili in tlathohuani obizpo inic calac quiz auh
in no calac niman ix [illegible] omotlan quo
quetz mopechte cac niman yeic quimo [illegible] pon
tilia quimopohuili ynihyo [illegible] in nitla
toltzin ilhuicacci huapilli inine [illegible] no
yhuan quimolhuili inix quich [illegible]
co in noquitac in noqui cac auh in noquica
in mochi ytlahtol inetitlaniz yuh quimi [illegible]
cencamonelchiuhtzin noquimonanquili
li quimolhuili nopiltzin [illegible]
huallaz [illegible]
[illegible]
[illegible]
[illegible]
niman [illegible]
[illegible]

yiilhuitl nimman oin canhuallamelauh
inii poctepetzintli auhyypantzinco ahçito
inilhuicac çihuapilli izçan yeon camin
camin o cachtoopa qui motlilli quimochiya
yalitzi ca auhinoyuh qui motlilli ixpantzinco
mopechtec cac motlalchitlax quimolhuili
noxcimiyoe tlacatle çihuapille noxocoyo
huech nochpochtzinne cao nihuia inom
pa otinech motitlanilli cao niquineltilli
to in mi miyyohtzin in motlahtoltzin maçci
hui in nohhuiltzi ca inoni calac in nompa
iycyan in teopix catlahtohuani cao nic
quitac cao ixpan nictlalli in inihiyotzin
in motlahtoltzin in yuh otinech monanna
huatilli onech paccaçeli auh oquiyecca
cac yeçehi nic onech nanquili yuh quinu
mayyollo omahçic auh monelchihua
onechilhui yeçepa motlallo oc yhuian
mitz caqui [illegible] oyhtzinne cainnic
[illegible] in tenniccao tihuallamotla

elchiuiliz motlamaquiliz huel yzech oquito.
in yuh oxech nanquili ca monantzin motec-
o cattzin ia mo nequiltia xnitz moquechi-
liliz que mitz mochihuiliz que nican ahço
çan nehhuatl niuyo coya acaço monotecen
copatzinco caçen ca ni mitz motlatlauhtili
a noteecuiyo e çihuapille ychpochtle mani-
ço acateme in tlaçopipiltzin in oixma-
cho in nixtililo in mahuiztililo in techxi-
mo cahuilli in quit quin ynquehui [illegible] inomi
hiyotzin in motlahtoltzin i ni nextocon [illegible]
notlahpaltzin tli ca ni mecapalli ca ni cacax
tli ca ni cuitlapilli ca nauhtlapalli ca ni [illegible]
nitcoxi ca ni [illegible] ca [illegible]
mi an ca [illegible] tayatin on [illegible]
tli nechmihuelli [illegible] pouhtzinco [illegible]
hue tlacatze çihuapille [illegible] xinechmotla-
pal polhuili [illegible] in [illegible]
in moyollotzin [illegible]
in motomaltzin [illegible]

noteccuiyoe qui mo nan quilili izçenquis
ca ma huiz ych pochtli tlaxic coqui noxotoyo
yquh ma huelyuh yje in moyollo ca motla
çotin in notetlaye coltic ca huan in noti
tetla huan in huel intech xic cahuaz in quit
quiz que iniyo in notlahtol in qui neltiliz
que in notlanequiliz y eçen huelyuh
mo ne qui i nic huel tehuatl ic tinemiz
y pan titlahtoz huel momatican eltiz
mochi huaz in noçiaaliz in notlanequi
liz ouh huel ni mitz tlatlauhtia noxoxo
coyouh yhuan ni mitz tlaquauh natecca
tia ca huel oc çeppa [illegible] yas in moztlatla
qui tatiuh [illegible]
xic nehmachti [illegible] nopaapa
[illegible] liz in notla [illegible]
in qui chihuaz in [illegible]
[illegible] yhuan huel oc çeppa [illegible]
[illegible]
[illegible] ni cacyoh.

ychpochtli Santa maria in ninantzin
teotl Dios in ompa ni mitztitlani auh
in Juan diego quimo nanquilili yn qui
molhuili noteouiyoe cihuapille noc
pochtzine ma ca nomo nel te quipacholti
in mixtzin in moyollotzin ca ahuel nic
yollocalo pia nonyaz noconneltililitiuh
in mihiyotzin in motlahtoltzin ca nima
amo nic no cahualti o manoce nic tec
co ca mati in nohtli ca noyaz ca no [illegible]
[illegible]chihuatiuh in m[illegible] tequitzin ca
huel ye inahço cah mo nitlacoztin tlan[illegible]
yeoni caccoc Acah ce monimelto coz
ca ye mox tlayeceoltia yn yeoni [illegible]
[illegible] [illegible] [illegible] in [illegible]
in motlahtoltzin [illegible] ic [illegible]
[illegible] pixca [illegible] ca ye [illegible] no
[illegible]
[illegible] noch
pochtzinne tla [illegible] cihuapille [illegible]
[illegible] cehuitzin [illegible]

[illegible]chan mochihuito auh ni mozttlayoc domin
go huelocyo huehzinco tlatlayohuatoc omipla
huiac quiziaichan huel onpetlauh in tlati
lolteo qui matihuitz in teopotl yhuan innicte
pohualoz ni man ya oyuqui quitas tecopixca
tlahtohtecuani ahzo ye eypan matlactli hora
[illegible] necen cahualoc y niu omo cac missa y
huan otepohualoc yc hualxin in nixquich ma
cehualli auh in yehuatl Juan Diego niman yc
ya in ni tecpanzinco in tlatohuani obispo
auh in noaciztoix quichyttapal quichiuh ini
[illegible] motilliz auh huel ohuitihtia in noce po
pa quimotilli ic xi tlamhzinco motlanqua
[illegible] cho catlaocoya ini qui mononochilia
inu qui mixpantilli a in nihzyohzin y ni tlah
tolhzin in nihui cecitlaltopilli i nua hzo
ne[illegible] toloz i ni ne[illegible] [illegible]
quili hzin cen quiz cayctlipoch [illegible] inic
[illegible] qui inie [illegible] qui [illegible]
[illegible] in [illegible] o motlatenehuili
[illegible] ne [illegible] auh in tlatoh

huani. obizpo huel miec tlamantli in quin-
quitlattlani que tlatemolli i nic huel yyo-
mahçiz can in qui motlalli que na mihti-
cahçintli huel mochi qui mo pohuilili
tlahtohuani obizpo. auh maçihui in hue-
mochi qui mo [illegible] tlahuelili in yuhca-
tli yhuan nixquich oqui tac oquimaa-
huizzo in cahuatyuh [illegible] çi cayc [illegible]
in çenquiz cayeh pochtli i ni tlal [illegible] ma-
huiz nantzin in toteç maquix [illegible] tlatzin
teçuiyo Jesuchristo ye çen amo ni
ic co mo neltiliz [illegible]
tlahtolli [illegible] tlanilis mo [illegible]
[illegible]

oncan quitzitzquique ihuan chicahuac quitla-
cuiltique inic aocmo çeppa ixtlacatzitzi, tequa-
nasaini moztlayoc tuxes ini quac quihui cazque
ayn Juan Diego ini tlainesca imu neltoçoz, ih
ocmo o hual moçuep. yeica iniquac ancito ini
chan çe itla catca itoca Juan Bernardino oy
tech motlali in cocoliztli, huei tla hauhtoc in
quitzi ci nochiliz to, ocqua pan tlakto, ye çen
oc mo in man ye huelotla nouh aiub in ve
huac quitla tlachti i nitlah in oc yo hua in co-
ç tla tlayohuatoc huel quiçaz. qui monoc
li quich in oncan tlatli. co çe mi cin tc
que inic mo huilas, qui moyolcuitlitiuh: ihu
quin in çen ca [illegible] yeica cahuel ya
ni yollo ... in man, ... ca ye oncan inic
... ça aocmo [illegible]
... [illegible]
... [illegible]
... [illegible]
... [illegible] tepe [illegible]
tepeyac ... [illegible] a ohtlitoh
natiuh: ... [illegible]
paqui can mis ... in tlaçea

8

a[illegible] melahua ohtli manen nech hualmo

otlilti izcihuapiltli cayeppa nechmotoli

catzinco [illegible] quetzin intla nes cayotl in

teopixcatlatoh [illegible] huan [illegible] nech monana

huatilli. ma o nech cohua in tonetequipa-

chol. ma [illegible] no [illegible] in teopix

qui motolinia in no tlatzin ah mo çan quilh

mochialitoc nimanic ontlacolhui in tepetl

tlan [illegible] ye tepa çan tlapal to

[illegible] y qui ça ya [illegible] quin [illegible]

Cihua[illegible] [illegible] mo[illegible]

[illegible] cihuapilli in [illegible] ca in

[illegible] ca [illegible]

[illegible]

[illegible]

[illegible]

[illegible]

[illegible]

[illegible]

[illegible]

[illegible]

[illegible]

REFERENCIAS DOCUMENTALES Y BIBLIOGRÁFICAS

Alvarado Tezozómoc, Hernando, *Crónica mexicáyotl*, edición y traducción de Adrián León, UNAM, Instituto de Investigaciones Históricas, México, 1994.

Bautista, fray Juan, *Huehuehtlahtolli: Testimonios de la antigua palabra*, facsímil de la edición de 1600, con estudio introductorio de Miguel León-Portilla y traducción de Librado Silva Galeana, Comisión Nacional Conmemorativa del V Centenario del Encuentro de Dos Mundos, México, 1988.

——, *Sermonario en lengua mexicana*. En México, en casa de Diego López Dávalos, 1606.

Bezerra Tanco, Luis, *Felicidad de México en el principio y milagroso origen que tuvo el santuario de la Virgen María Nuestra Señora de Guadalupe*. En México, por la Viuda de Bernardo Calderón, año de 1675.

Boturini Benaduci, Lorenzo, *Idea de una nueva historia general de la América Septentrional fundada sobre material copioso de figuras, symbolos, caractéres, y geroglíficos, cantares, y manuscritos de autores indios últimamente descubiertos*, Imprenta de Juan Zúñiga, Madrid, 1746.

——, "Museo indiano", en *Idea de una nueva historia de la América Septentrional*, edición y estudio introductorio de Miguel León-Portilla, Editorial Porrúa, México,1974.

Burrus, Ernest J., S.J., *The Oldest Copy of the Nican Mopohua*, CARA Studies on Popular Devotion, 4, Washington, D. C., 1981.

Burrus, Ernest J., S.J., "La copia más antigua del *Nican mopohua*", en *Histórica,* órgano del Centro de Estudios Guadalupanos, 1986.

Cantares mexicanos, reproducción facsimilar por Miguel León-Portilla y José G. Moreno de Alba, UNAM, Instituto de Investigaciones Bibliográficas, México, 1994.

Carochi, Horacio, *Arte de la lengua mexicana con la declaración de los adverbios della,* facsímil de la edición de 1645 con introducción de Miguel León-Portilla, UNAM, Institutos de Investigaciones Históricas y Filológicas, México, 1983.

Códice florentino, 3 v., edición facsimilar publicada por el Archivo General de la Nación, México, 1979.

Galera Lamadrid, Jesús, *Nican mopohua. Breve análisis literario e histórico,* Editorial Jus, México, 1991.

García Icazbalceta, Joaquín, *Bibliografía mexicana del siglo XVI,* nueva edición por Agustín Millares Carlo, Fondo de Cultura Económica, México, 1954.

Garibay K., Ángel Ma., *Historia de la literatura náhuatl,* 2 v., Editorial Porrúa, México, 1953-1954.

"Información por el sermón de 1556", en *Testimonios históricos guadalupanos,* edición de Ernesto de la Torre Villar y Ramiro Navarro de Anda, Fondo de Cultura Económica, México, 1982.

"Inventario de los documentos recogidos a Boturini", en *Anales del Museo Nacional de Arqueología, Historia y Etnografía,* cuarta época, t. III, núm. 1, enero-marzo de 1925.

Horcasitas, Fernando, *El teatro náhuatl,* prólogo de Miguel León-Portilla, Universidad Nacional Autónoma de México, México, 1974.

Lasso de la Vega, Luis, *Huei tlamahuiçoltica omonexiti in ilhuicac tlatocaçihuapilli Santa Maria Totlaçonantzin Guadalupe in nican huei altepenahuac Mexico itocayocan Tepe-*

yacac. [Maravillosamente se apareció la señora celeste Santa María, Nuestra amada madre Guadalupe, aquí junto a la gran ciudad de México, donde se dice Tepeyácac.] México, en la Imprenta de Juan Ruyz, año de 1649.

León-Portilla, Ascensión H. de, *Tepuztlahcuilolli: Impresos en náhuatl, historia y bibliografía,* 2 v., UNAM, Institutos de Investigaciones Históricas y Filológicas, México, 1988.

León-Portilla, Miguel, *Quince poetas del mundo náhuatl,* Editorial Diana, México, 1993.

——, *La filosofía náhuatl estudiada en sus fuentes,* octava edición, UNAM, Instituto de Investigaciones Históricas, México, 1997.

—— (editor), *Visión de los vencidos. Relaciones indígenas de la Conquista,* decimaquinta edición, UNAM, Biblioteca del Estudiante Universitario, México, 1998.

Lockhart, James, *The Nahuas After the Conquest: A Social and Cultural History of the Indians of Central Mexico, Sixteenth through Eighteenth Centuries,* Stanford University Press, Stanford, 1992.

Maza, Francisco de la, *El guadalupanismo mexicano,* Fondo de Cultura Económica, México, 1982.

Molina, fray Alonso de, O.F.M., *Vocabulario de la lengua castellana y mexicana y mexicana y castellana,* edición facsimilar de la de 1571, estudio introductorio de Miguel León-Portilla, Editorial Porrúa, México, 1977.

Nebel, Richard, *Santa María Tonantzin Virgen de Guadalupe. Continuidad y transformación religiosa en México,* Fondo de Cultura Económica, México, 1995.

Noguez, Xavier, *Documentos guadalupanos. Un estudio sobre las fuentes de información tempranas en torno a las mariofanías en el Tepeyac,* Fondo de Cultura Económica, México, 1993.

O´Gorman, Edmundo, *Destierro de sombras. Luz en el origen y culto de Nuestra Señora de Guadalupe del Tepeyac*, UNAM, Instituto de Investigaciones Históricas, México, 1986.

Poole, Stafford, *Our Lady of Guadalupe: The Origins and Sources of a Mexican National Symbol, 1531-1797*, University of Arizona Press, Tucson, 1995.

Puttick and Simpson, *A Catalogue of the Library of Rare Books and Important Manuscripts Relating to Mexico and Other Parts of Spanish America Formed by the Late Señor Don José Fernando Ramírez*, London, 1880.

Rojas Sánchez, Mario (editor y traductor), *Nican mopohua. Dn. Antonio Valeriano, traducción del náhuatl al castellano por...*, Imprenta Ideal, México, 1978.

Sahagún, fray Bernardino, *Historia general de las cosas de Nueva España*, 2 v., edición de Alfredo López Austin y Josefina García Quintana, Alianza Editorial Mexicana y Consejo Nacional para la Cultura y las Artes, México, 1989.

Sigüenza y Góngora, Carlos, *Piedad heróyca de don Fernando Cortés*, edición de Jaime Delgado, José Porrúa Turanzas, Madrid, 1960.

Siller, Clodomiro, "Para una teología del *Nican mopohua*", *Estudios indígenas*, v, núm. 4, 1975, 409-419.

Souza, Lisa, Stafford Poole, C. M. y James Lockhart, *The Story of Guadalupe. Luis Lasso de la Vega's Huei Tlamahuiçoltica of 1649*, Stanford University Press, and University of California, Los Ángeles, 1999.

Valeriano, Antonio, "Carta a Felipe II, de los gobernadores, alcaldes y regidores de Azcapotzalco, del 4 de febrero de 1561", Archivo General de Indias (Sevilla), Audiencia de México, 1842.

Velázquez, Primo Feliciano, *La aparición de Santa María de*

Guadalupe, Editorial Jus, México, 1981 [reproducción de la edición original de 1931].

Torquemada, Juan de, *Monarquía indiana,* edición coordinada por Miguel León-Portilla, 7 v., UNAM, Instituto de Investigaciones Históricas, México, 1975-1983.

Torre Villar, Ernesto de la, y Ramiro Navarro de Anda, *Testimonios históricos guadalupanos,* Fondo de Cultura Económica, México, 1982.

ÍNDICE

Introducción [9]

I. Contenido y origen del relato acerca de Tonantzin Guadalupe [17]

II. El "Nican Mopohua", el pensamiento indígena y el "tecpilahtolli", lenguaje noble de los nahuas [49]

Este libro se terminó de imprimir y encuadernar en el mes de octubre de 2002 en Impresora y Encuadernadora Progreso, S. A. de C. V. (IEPSA), Calz. de San Lorenzo, 244; 09830 México, D. F. Se tiraron 2 000 ejemplares.

OTROS LIBROS DEL AUTOR PUBLICADOS POR EL FCE

El destino de la palabra: de la oralidad y los códices mesoamericanos a la escritura alfabética, Sección de Obras de Antropología.

Huehuehtlahtolli: testimonios de la antigua palabra, Sección de Obras de Antropología.

Humanistas de Mesoamérica, I y II, Fondo 2000.

Literaturas indígenas de México, Sección de Obras de Antropología.

Los antiguos mexicanos a través de sus crónicas y cantares, Sección de Obras de Antropología.

Toltecáyotl: aspectos de la cultura náhuatl, Sección de Obras de Antropología.

Antropología americanista: indagaciones en la diferencia, Sección de Obras de Antropología.